中等职业教育精品教材

U0795027

中职生劳动素养教育

主　编　王大勇　赵晓珊　曹锋平

副主编　陈　伟　李艳芳　李　宇

李　强　张晓春　郑仁慧

李红云　钱文友　周小平

中国人民大学出版社

·北京·

图书在版编目（CIP）数据

中职生劳动素养教育 / 王大勇，赵晓珊，曹锋平主编. -- 北京 : 中国人民大学出版社，2025. 8. --（中等职业教育精品教材）. --ISBN 978-7-300-34349-5

I. G40-015

中国国家版本馆 CIP 数据核字第 202525NF42 号

中等职业教育精品教材

中职生劳动素养教育

主　编　王大勇　赵晓珊　曹锋平

副主编　陈　伟　李艳芳　李　宇　李　强　张晓春　郑仁慧　李红云　钱文友　周小平

Zhongzhisheng Laodongsuyang Jiaoyu

出版发行	中国人民大学出版社		
社　　址	北京中关村大街 31 号	**邮政编码**	100080
电　　话	010－62511242（总编室）		010－62511770（质管部）
	010－82501766（邮购部）		010－62514148（门市部）
	010－62511173（发行公司）		010－62515275（盗版举报）
网　　址	http://www.crup.com.cn		
经　　销	新华书店		
印　　刷	北京昌联印刷有限公司		
开　　本	787 mm × 1092 mm　1/16	**版　　次**	2025 年 8 月第 1 版
印　　张	9	**印　　次**	2025 年 8 月第 1 次印刷
字　　数	195 000	**定　　价**	36.80 元

PREFACE

前言

劳动，作为人类最基本的生存方式，宛如一座巍峨的灯塔，照亮了人类前行的道路。通过劳动，人类不仅改变了自身的生存状态，更以非凡的创造力推动了社会的进步与发展。劳动，是构筑人类文明的基石，是推动人类社会进步的根本力量。对于每一个个体而言，劳动既是能力，更是品质，它并非与生俱来，而是在后天的培育与实践中逐渐养成的。

以全面育人为核心使命的教育，必然将劳动教育置于重要地位，高度重视学生劳动素养的全面培养与提升。2020 年 3 月 20 日，中共中央、国务院发布《关于全面加强新时代大中小学劳动教育的意见》（以下简称《意见》），犹如一声嘹亮的号角，为新时代劳动教育指明了方向。《意见》明确指出："劳动教育是中国特色社会主义教育制度的重要内容，直接决定社会主义建设者和接班人的劳动精神面貌、劳动价值取向和劳动技能水平。"

然而，近年来，一些青少年中出现了不珍惜劳动成果、不想劳动、不会劳动的现象，劳动的独特育人价值在一定程度上被忽视，劳动教育正面临着被淡化、弱化的严峻挑战。对此，全社会必须高度重视，积极行动起来，共同推动劳动教育的深入开展。

《意见》要求，以习近平新时代中国特色社会主义思想为指导，全面贯彻党的教育方针，落实全国教育大会精神，坚持立德树人，坚持培育和践行社会主义核心价值观，把劳动教育纳入人才培养全过程，贯通大中小学各学段，贯穿家庭、学校、社会各方面，与德育、智育、体育、美育相融合，实现知行合一，促进学生形成正确的世界观、人生观、价值观。

为贯彻落实新时代党对劳动教育的新要求，积极配合各中职学校劳动教育的开展，充分发挥劳动独特的育人价值，我们精心编写了本书。

本书作为新形态一体化教材，贯彻落实党的二十大关于"在全社会弘扬劳动精神、奋斗精神、奉献精神、创造精神、勤俭节约精神，培育时代新风新貌"的相关要求，严格依据《意见》和教育部《大中小学劳动教育指导纲要（试行）》进行编写。

全书结构清晰，逻辑严谨，共分为七个项目，涵盖了认识劳动与劳动素养、培育劳动品质、学习劳动知识、掌握劳动技能、保护劳动安全、弘扬新时代劳动精神、保障劳动者权益等方面的理论知识和实践指导内容。通过这些内容的学习，学生可以深入把握劳动素养教育的基本内涵，增强职业荣誉感，提高职业技能水平，培育精益求精的工匠精神和爱岗敬业的劳动态度。

为增强学习的趣味性和学生的思辨性，书中设置了项目概述、学习目标、榜样引领、案例点评、知识链接、课堂互动、实践活动等多样化的学习栏目。这些栏目相互配合，相得益彰，让学生在轻松愉快的氛围中学习劳动知识，提升劳动素养。同时，书中通过不同形式的劳动实践活动案例，指导学生开展劳动实践，充分体现了职业院校劳动素养教育"知行合一"的学习特点。

本书既可作为中等职业学校劳动素养教育课程的教材，也可作为社会学习者和相关企业员工培训的参考资料。我们希望通过本书的使用，能够让更多的人认识到劳动的价值和意义，积极参与到劳动实践中来。

在编写本书的过程中，我们参阅了大量有关劳动教育的著作，同时引用了许多专家和学者的研究成果。在此，我们向这些为劳动教育事业做出贡献的作者和学者们表示衷心的感谢！由于时间仓促，加之作者水平有限，书中难免存在疏漏与不足之处。恳请广大读者、老师不吝指正，以便我们在日后对本书进行修改与完善。

编者

CONTENTS

目 录

项目一 认识劳动与劳动素养

项目概述

虽然劳动在日常生活中无时不在、无处不在，改变了我们的生活，也影响着我们的思想，但仔细想想，我们的身边是不是出现过不珍惜劳动成果、不想劳动、不会劳动的现象？对个人而言，劳动是生存的理由；对家庭而言，劳动是改善生活的手段；对国家而言，劳动是推动社会发展进步的力量。只有通过不断拼搏努力和诚实劳动，才能绽放不一样的精彩，彰显人生的价值，创造美好的生活。本项目我们来认识劳动和劳动素养。

学习目标

目标维度	具体内容
知识目标	1. 了解劳动的概念、分类和意义 2. 理解劳动观及马克思主义劳动观
能力目标	1. 能阐述劳动对于个体和社会的意义 2. 能归纳和叙述马克思劳动思想的基本内涵
素养目标	1. 培养和树立新时代的劳动观 2. 提升劳动素养

榜样引领

从中职学生成长为劳动模范

2022 年 4 月 28 日，在内蒙古自治区庆祝“五一”国际劳动节暨自治区五一劳动奖表彰大会上，包头机械工业职业学校优秀毕业生蔡春波被授予内蒙古自治区五一劳动奖章。

从中职学生成长为劳动模范，年仅 23 岁的蔡春波是如何做到的？让我们来一起回顾他的成长之路。

2016 年春季，来自土左旗农村家庭的初中毕业生蔡春波怀着学习一门专业技术、拥有一技之长的职业梦想，来到包头机械工业职业学校就读焊接专业。

在学校老师的关心帮助和培养之下，他克服许多困难，刻苦学习钻研焊接技术。

2017 年 11 月，在自治区第十届中职组技能大赛选拔赛中，蔡春波获得包头市第一名的成绩，这让他更加坚定了技能报国的理想信念。

2018 年 6 月，在第 45 届世界技能大赛全国选拔赛上，蔡春波获得焊接项目第十四名的成绩，这是内蒙古自治区在该项目上的最好成绩。

2019 年，蔡春波进入学校的校企合作现代学徒制基地——一机集团瑞特精密工模具有限公司顶岗实习，由于他工作能力突出，被特招进入该企业，实现了从学徒到国企员工的华丽转变。

凭借自身过硬的焊接技术，2021 年 10 月，蔡春波在第七届全国职工职业技能大赛中，取得焊工工种个人排名第五的成绩，刷新了内蒙古自治区和包头市的纪录。

仅仅用六年时间，蔡春波从一名普通的中职生快速成长为一名高素质的技术技能型人才，并获得了内蒙古自治区五一劳动奖章，实现了人生的“蝶变”。

资料来源：孙志强，李雪. 机械学校优秀毕业生荣获自治区五一劳动奖章.（2022－04－29）[2025－06－18]. https://mp.weixin.qq.com/s/JbOUm2Q47GoZkx0SDoUkBA. 有改动.

劳动箴言

一分耕耘，一分收获，要收获得好，必须耕耘得好。

——徐特立

任务一 认识劳动

一、劳动的概念

劳动是一个耳熟能详的词语，但要给“劳动”下定义却不容易。

《辞海》对“劳动”的定义：人们改变劳动对象使之适合自己需要的有目的的活动，即劳动力的支出或使用。劳动是人类社会存在和发展的最基本条件，在人类形成过程中起了决定性作用。这个定义实际上是哲学意义上的劳动和经济学意义上的劳动的“结合体”。

马克思指出，劳动首先是人和自然之间的过程，是人以自身的活动来中介、调整和控制人和自然之间的物质变换的过程。[①] 一般意义的劳动是指处在一定社会关系中的人改

① 马克思，恩格斯. 马克思恩格斯文集：第 5 卷. 北京：人民出版社，2009：207-208.

造自然或人化自然，服务于物质财富和精神财富的创造，以满足人类需要的、有目的的活动。因此，劳动的概念应该包括以下几个方面的内涵：一是有意识的理性活动；二是借助工具和劳动力（脑力和体力）的使用；三是人与自然（或人化自然）的交互作用；四是服务于创造物质财富和精神财富的活动。

课堂互动

讨论主题：什么是劳动？

讨论内容：（1）如何定义劳动？（2）体力劳动和脑力劳动有什么区别？（3）劳动过程的三要素有何关联？

自我测评：请仔细阅读表1－1中的问题，回答“是”或“否”，然后简要说明理由。

表1－1　辨别劳动

1. 跑步和打羽毛球等体育运动是劳动吗？ 回答：
2. 只有创造出物质产品的活动才是劳动吗？ 回答：
3. 作家创作文艺作品不是劳动，是吗？ 回答：
4. 体力劳动和脑力劳动具有明显的界限吗？ 回答：
5. 程序员通过计算机编写程序不是劳动，是吗？ 回答：
6. 只要有劳动者就可以进行劳动吗？ 回答：
7. 从事网上信息安全监测不是劳动，是吗？ 回答：
8. 每天通过体育运动锻炼身体，是不是就不需要参加劳动？ 回答：

上述问题中，回答“是”越多，越说明你对劳动缺乏清晰和完整的认识。我们应该重新认识劳动和劳动教育。现在，有的同学轻视某些劳动甚至某些劳动者，这造成了某些同学身体素质差、动手能力不强、创新能力不足。我们认识劳动，是为了树立正确的劳动观念。

二、劳动的分类

按照不同的标准，劳动可以进行如下分类。

（一）体力劳动和脑力劳动

根据劳动主体所耗费的生理力的形态，劳动可分为体力劳动和脑力劳动。体力劳动是指以人体肌肉与骨骼的生理力消耗为主，以大脑和其他生理系统的生理力消耗为辅的劳动。脑力劳动是指以脑力消耗为主、以其他生理系统的运动消耗为辅的劳动，其特征在于劳动者在生产过程中运用智力、科学文化知识和生产技能。这里需要说明的是，体力是脑力的基础，脑力劳动支配体力劳动。体力劳动与脑力劳动不可分离，人的任何一种活动都是体力劳动和脑力劳动共同作用的结果。在未来社会中，人类劳动耗费的体力和脑力会有机融合。

案例点评

黄大年“脑力能赢，体力也要赢”的故事

黄大年是我国著名的地球物理学家，是在航空地球物理研究领域享誉世界的科学家。2017 年 1 月 8 日，黄大年同志因病不幸逝世。为表彰黄大年为国家做出的卓越贡献，中国共产党中央委员会宣传部追授他“时代楷模”的称号。

黄大年推崇体力劳动和脑力劳动相结合。他的办公室里放着一对哑铃，当他忙得没时间出门时，会忙里偷闲举两下。他办公室的窗户在冬天都总是开着，别人走进他的办公室时冻得一激灵，黄大年却说这样能让他头脑清醒。

黄大年一直有股不服输的精神。他游泳姿势标准，游得很快。国外专家来交流，大家比赛游泳，他赢了，高兴地说：“中国人不但脑力上能赢，体力也不比外国人差。”

黄大年留给大家的印象是精力充沛和身体强壮。他喜欢锻炼身体，据黄大年的学生回忆，黄大年经常在周末带着学生打羽毛球，学生们打 1 个小时就累得腿软，他却可以打 3 个小时。外出徒步时，黄大年总是走在队伍前面，有的年轻同事需要一路小跑才能跟上他。

资料来源：刘国胜，柳波，袁炯. 大学生劳动教育. 北京：人民邮电出版社，2021.

点评：黄大年的故事告诉我们，脑力与体力相结合的重要性，即使再忙也不要忘记锻炼身体。当我们努力学习或是为事业奋斗时，强健的身体是重要的基础条件。

（二）简单劳动和复杂劳动

根据对劳动主体的知识、经验和技能的要求，以及所耗费的体力与脑力综合量的多少，劳动可分为简单劳动和复杂劳动。简单劳动是指在一定的社会条件下，不需要经过任何专门训练，一般劳动者都能胜任的劳动。复杂劳动是指需经过专门训练和培养，劳动者具备一定的文化知识和技能才能从事的劳动。在相同的时间内，复杂劳动创造的价值量是简单劳动创造的价值量的若干倍。

（三）具体劳动和抽象劳动

根据劳动二重性理论，劳动可分为具体劳动和抽象劳动。具体劳动是指在一定的具

体形式下进行的劳动，是有形的、看得见的。比如，装修工人粉刷墙壁、木工做家具，就是具体劳动。抽象劳动是指撇开了具体形式的、一般的、没有差别的人类劳动，是劳动力（脑力和体力）在一般生理学意义上的支出或消耗。抽象劳动反映了商品生产者之间的经济关系，是劳动的社会属性。

具体劳动和抽象劳动是对立统一的。对立性在于具体劳动和抽象劳动是生产商品时劳动的两种不同属性（但不是两种不同的劳动）；统一性在于劳动者支出具体劳动的同时也支出抽象劳动，二者在时间、空间上是统一的，是不可分割的。

（四）必要劳动和剩余劳动

根据劳动者付出劳动的必要性，劳动可分为必要劳动和剩余劳动。必要劳动是指维持和再生产劳动力所必需的劳动。通俗地讲，必要劳动就是劳动者为了维持自己和家庭的生活所必须付出的那一部分劳动。必要劳动所花费的时间就是必要劳动时间。社会必要劳动时间就是一个工作日内一个人的生理活动耗费的价值对应的劳动时间。在必要劳动时间内的劳动是维持和再生产劳动力所必需的劳动。

剩余劳动与必要劳动相对应，是指超过维持劳动力生产和再生产需要的劳动，即生产剩余产品所消耗的劳动。在私有制社会中，剩余劳动即为剥削者所占有的劳动。在社会主义初级阶段，劳动是人们谋生的手段，谋生的范围就是必要劳动的范围。随着社会的进步，劳动者的必要劳动范围扩大，相应地，劳动报酬就有增长的趋势。

（五）常规劳动和创新劳动

根据劳动中新技术、新方法、新知识的含量，劳动可分为常规劳动和创新劳动。

常规劳动是指在现有的社会正常生产条件下，利用已有的知识、经验和技能以常规方式对劳动对象进行加工或改造的劳动。常规劳动未必是简单劳动，有时相当复杂，需要劳动者积累大量的经验、技能与诀窍。常规劳动不仅包括体力劳动，也包括常规性的脑力劳动。

创新劳动是指运用新技术、新方法和新知识，以创新方式进行的劳动，其价值的实现必须通过改变当前的社会正常生产条件，将创新性劳动成果向全社会生产结构渗透扩张来完成。

知识链接

数字经济下的劳动形态

随着移动互联网、大数据、云计算、人工智能等信息技术的不断发展，数字经济时代已全面来临。伴随着数字经济的蓬勃兴起，一种新型的劳动模式——数字劳动也应运而生。数字劳动的出现改变了人们的传统认知，日益成为数字经济时代人们生产生活中不可或缺的劳动形式，并催生出新兴的职业。

“数字劳动”一词最早由意大利学者蒂齐亚纳·泰拉诺瓦于2000年在《免费劳动：

为数字经济生产文化》一文中提出。随后，以“数字劳动”为主题的学术会议陆续召开。目前，学术界对数字劳动的看法有两种：一种认为，数字劳动是区别于物质劳动的文化、知识、信息生产和消费的非物质劳动；另一种认为，数字劳动涵盖数字媒介生产、流通与使用所牵涉的脑力与体力劳动的多种形式，即使在互联网领域，脑力劳动仍是基于人类肉体的物质性大脑活动，并未离开自然与物质，因此，数字劳动归根结底也是物质劳动。虽然上述两种观点对数字劳动概念的界定存在属性上的差别，但二者都认为数字劳动是非物质性或物质性的生产劳动，能够生产商品和剩余价值。

根据数字劳动是非物质劳动的观点，数字劳动的具体表现形式主要包括互联网专业劳动、无酬劳动、受众劳动和玩乐劳动。

（1）互联网专业劳动。互联网专业劳动伴随互联网的产生而出现，通常是指由拥有一定技术知识的人员所进行的与技术性相关的工作，如程序设计、应用软件开发、网站维护，以及非技术性人员所进行的管理与日常工作，如后台管理、网络安全监管等。

（2）无酬劳动。无酬劳动一般指为数字媒介公司生产利润却得不到报酬的在线用户劳动，如个人信息发布、网页创建、资料上传等。

（3）受众劳动。受众劳动是从传播政治经济学的角度所得出的无酬劳动的一种具体表现形式。与个人信息发布、网页创建、资料上传等反映用户生产性与主体性劳动形式相区别，受众劳动以用户的消费性为特点，是用户在互联网上阅读、浏览与收听时所进行的消费活动。互联网时代的受众是“产消合一”的数字劳动者，一方面作为生产者产出相应的数据内容，另一方面作为消费者消费数据商品。

（4）玩乐劳动。玩乐劳动主要指用户为了获取乐趣，在互联网上进行的一系列娱乐性质的活动，如网络游戏和影视等，这些活动同时也生产了大量的内容和数据。这些数据被有关公司收集利用，用于向用户提供精准的定制化内容和服务，并在其中穿插广告引导用户进行消费等，从而使用户在某种程度上成为免费劳动者。

资料来源：刘国胜，柳波，袁炯. 大学生劳动教育. 北京：人民邮电出版社，2021.

三、劳动的意义

从哲学和经济学的角度来看，劳动对社会和个体都具有积极的意义。

（一）劳动对社会的意义

1. 劳动创造了人类

人类从何而来？目前，关于这一问题公认的科学解释是人类由类人猿进化而来。恩格斯认为，手的使用和语言思维的产生都是在生产劳动的过程中形成和发展的，正是因为劳动，人才得以从动物界中分化出来，所以，劳动创造了人类。

2. 劳动创造和完善了社会

《辞海》对“社会”的解释是：以一定的物质生产活动为基础而相互联系的人类生活共同体。劳动是人类社会生存和发展的基础，物质资料的生产是社会存在的基本条件。

人们在生产中形成的与一定的生产力发展状况相适应的生产关系，构成了社会的经济基础，在此基础上产生了相应的上层建筑。

劳动推动了社会形态的发展。在人类社会形态由原始社会、奴隶社会、封建社会、资本主义社会发展到社会主义社会的过程中，人类使用的劳动工具的变化促进了社会形态的变化。从劳动与社会发展的关系角度来看，劳动不仅创造了人类，也创造和完善了社会，推动着社会向前发展。

3. 劳动创造了社会财富，满足了人类的生存和发展需要

自然界为人类的生存提供了物质，但是人类赖以生存的社会财富必须通过人类的劳动获得。人类的劳动就是运用生产工具对自然物进行加工或改造，使其成为社会财富，以满足人类的生存和发展需要。

人类作为一种动物，天然地有着自身的生存需要，以维持生命的延续。然而，人类作为社会化的动物，又有其特殊的需要，如精神生活需要。劳动不仅创造了满足需要的社会财富，而且创造了需要本身以及满足需要的方式。劳动创造了人类，也提高和完善了人类。

劳动是人类各种活动中最重要的一种活动，它不仅改造着人类和社会，也改造着自然界。人类的历史，就是通过自身的劳动而诞生并不断自我完善的过程。

4. 劳动创造和发展了文明

文明是在人类历史中积累下来的、有利于认识和适应客观世界、符合人类精神追求、能被绝大多数人认可和接受的人文精神与发明创造的总和，社会的进步以文明的发展为标志。劳动推动了社会文明的进步，文明发展的程度取决于人类生产劳动的方式。文明是随着人类通过劳动创造价值而发展的。每一种文明都凝结了人类的智慧与劳动。人类通过劳动创造了农耕文明、工业文明、生态文明、社会主义文明，还塑造了人类的道德。同时，劳动创造智慧，智慧创造劳动工具。人类发明制造劳动工具让劳动创造获取更多的价值。如果没有劳动，便没有发明与创造，那么人类社会将永远停留在原始、野蛮的古代社会。因此，劳动不仅创造了文明，也推动了文明发展。

（二）劳动对个体的意义

1. 个体谋生

劳动创造了物质财富，使个体的生理需求得以满足，使个体得以生存和发展。在社会主义初级阶段，生产力水平还没有达到高度发达的程度，社会生产还没有极大丰富，按需分配尚不具备可能性，按劳分配仍是主要的分配形式，个体通过劳动获得生活资料，劳动还是个体谋生的手段。

要想过上美好的生活，每个人都需要参加各种各样的劳动，创造更多的物质财富和精神财富。

2. 自我实现

除谋生外，对个体而言，劳动还具有自我实现的意义。马斯洛的需求层次理论指出，

人的需求有5个层次，它们分别是生理需求、安全需求、社交需求、自尊需求和自我实现需求。通过劳动，个体融入社会，使自身得到全面发展。具有社会属性的人，不仅需要用劳动谋生，还需要通过劳动来参与社会生活，赢得他人的尊重，满足自己更高层次的需求。

任务二 践行马克思主义劳动观

一、劳动观的概念

人们在劳动的过程中，总会形成对劳动的看法和认识，这就是劳动观。劳动观反映着劳动者对劳动的态度，决定着劳动者在劳动过程中的行为。劳动观作为意识形态领域的内容，与人生观、世界观是一脉相承的，劳动观生动地反映着人生观、世界观。随着经济的发展和科技的进步，劳动被赋予新的内涵。只有树立正确的劳动观，才能让自己更好地懂得尊重劳动人民，更好地珍惜自己的劳动成果，并以热情饱满的劳动态度积极投入社会劳动生产过程中，从而不断提高劳动生产率，为社会创造出更加丰富的社会物质财富，同时能够促进个人的全面发展。

一个人只有树立了正确的劳动观，才能自觉强化劳动意识，用双手和智慧去创造人生，实现自己的理想，并对人生观、世界观的形成起到积极的作用。

二、马克思主义劳动观

劳动是马克思思想体系中的核心观念，是马克思主义理论研究的基础。劳动是人类生存的本质，人类的发展过程就是劳动的发展史。马克思主义对于劳动的论述，主要体现为劳动本质论、劳动价值论以及劳动解放论。

（一）劳动本质论

人的本质是什么，一直是困扰哲学界的一个重要命题。马克思主义认为劳动是人类生存的本质，人的本质是一切社会关系的总和。

1. 劳动创造了人本身

恩格斯在《劳动在从猿到人转变过程中的作用》一文中详细描述了劳动在人类从猿进化为人的过程中的作用，提出："人类社会区别于猿群的特征又是什么呢？是劳动。"[①]"劳动是从制造工具开始的。"[②]"语言是从劳动中并和劳动一起产生出来的。"[③]

2. 劳动创造了人类生活

劳动的过程就是人通过自身的劳动作用于自然的过程，是人的本质力量与自然之间

①② 恩格斯. 劳动在从猿到人转变过程中的作用. 北京：人民出版社，1971：6.

③ 同①4.

的一种物质交换过程。

3. 劳动是一切价值的创造者

马克思认为，劳动是一切价值的创造者。只有劳动才赋予已发现的自然产物以一种经济学意义上的价值。恩格斯在《自然辩证法》中也同样有着明确的表述，“其实，劳动和自然界在一起才是一切财富的源泉，自然界为劳动提供材料，劳动把材料变为财富。但是劳动的作用还远不止于此。劳动是整个人类生活的第一个基本条件，而且达到这样的程度，以致我们在某种意义上不得不说：劳动创造了人本身”。[①] 劳动是人类创造物质和精神财富的活动。

4. 劳动创造了社会关系

劳动不仅创造了人与自然的关系，劳动还形成了人与人之间以及人与主观意识之间的关系，而这些关系成为人类社会的基本关系。社会是人类劳动的产物，是劳动活动的展开形式，也必将随着劳动的发展而发展。

（二）劳动价值论

劳动价值论是马克思关于劳动创造商品价值及商品生产、交换遵循价值规律的理论，它详细阐述了商品经济的本质和运行规律。

（1）生产商品的同一劳动划分为具体劳动和抽象劳动，具体劳动创造商品的使用价值，抽象劳动创造商品的价值。而具体劳动与抽象劳动是生产商品劳动的两种形态，是同一劳动的两个不同方面，不是生产商品的两次劳动。

（2）抽象劳动内在的属性是生产商品过程中人类脑力或体力的支出（人类的一般劳动），其外在的属性是生产商品创造价值的劳动，其抽象劳动创造的价值则是商品经济社会特有的经济特征。

（3）抽象劳动内化为商品的价值，外化为商品的交换价值。正如马克思所述：“我们实际上也是从商品的交换价值或交换关系出发，才探索到隐藏在其中的商品价值。”[②] 这种体现着商品生产者之间平等交换劳动的社会关系正是以抽象劳动为内核。

（三）劳动解放论

劳动解放论是从劳动本质论和劳动价值论中得出的对科学社会主义的深刻表述，它认为劳动的发展过程推动了人类史中在自然和社会两方面的不断解放。劳动解放首先是人类智力的提高过程，是劳动工具的改进与经济形态的创新，而不是一种简单的政治行为或者政权的归属问题。其次，劳动者解放程度是衡量社会文明的尺度和标准，对于劳动与劳动解放程度的促进或者倒退、保护或者破坏等，直接反映出社会的政治体系与制度模式的优劣。总之，劳动者解放是全人类的共同使命，一切社会制度都必须遵从和致力于劳动者的社会解放。

---

① 恩格斯. 自然辩证法. 北京：人民出版社，2018：303.

② 马克思，恩格斯. 马克思恩格斯文集：第 5 卷. 北京：人民出版社，2009：61.

三、树立正确劳动观的重要意义

（一）有助于培养热爱劳动的美德

树立正确的劳动观，坚持劳动正义感，在社会上广泛传播正能量，有助于促进社会的和谐发展，是实现中华民族伟大复兴、全面实现共产主义事业的推进器。

（二）是通向成功实现理想的必由之路

青春是用来奋斗的。劳动最光荣。劳动是财富的源泉，也是幸福的源泉。再宏伟的目标、再美好的愿景，只有靠脚踏实地的诚实劳动、勤勉工作，才能一步步变成现实。

（三）有助于形成积极向上的就业创业观

很多人在毕业就业过程中容易形成眼高手低的择业观念、不能胜任工作等问题，只有树立正确的劳动观，才能形成积极向上的就业观和创业观。正确的劳动观能够培养中职学生优良的品质，实现中职学生的积极就业。正确的劳动观能够帮助中职学生正确认识社会劳动分工的本质，消除劳动差别观，建立劳动平等观，促进中职学生积极到基层就业。

（四）可以使生活丰富而充实

“劳动是世界上一切欢乐和一切美好事情的源泉。”这是高尔基对劳动的诠释，也是劳动的真谛。生活中，劳动必将是一笔难得的人生资源和财富。人生的绚丽和精彩都在不断劳动并勇于创造过程中写出来的。劳动能使我们消除不必要的忧虑和摆脱过分的自我注意，使生活内容丰富而充实。劳动的成功与成果，可使我们认识到自己生存的价值，因而对生活充满信心。

（五）有助于促进自身全面发展

社会主义的合格建设者和接班人本质上是“以劳动实现中国梦”的劳动者，既是辛勤的劳动者，也是敬业的劳动者，更是创造性的劳动者。树立正确的劳动观，有利于中职学生在劳动中增强体魄、磨炼意志、提升人格品质，真正实现以劳树德、以劳增智、以劳健体、以劳育美的目标。

四、如何树立正确的劳动观

（一）善待自己劳动的岗位

劳动的一个重要特性就是平等性，意思是说劳动虽然有分工、专业、条件和环境等诸多方面的差别，但就劳动本身而言，是没有高低贵贱之别的。因此，不管是从事体力劳动还是从事脑力劳动，不管是从事简单工作还是从事复杂工作，也不管是从事重要工作还是从事一般性工作，性质都是一样的，其地位都是平等的。只有理解了这一点，才能客观地看待自己劳动的岗位，愉快地服从组织分配的任何工作，在本职岗位上建功立业，用辛勤劳动实现“我的梦”，进而助推中国梦的早日实现。

（二）充分认清劳动与财富之间的关系

劳动不但创造着有形的物质财富，也在创造着无形的精神财富，劳动在丰富物质生活的同时，也在塑造着劳动者的精神世界。正确的劳动观，是既重视物质财富的产出，又重视精神财富的产出；既重视物质上的回报，又重视精神上的满足。树立正确的劳动观，就应该把国家利益和人民利益举过头顶，以集体利益为重，自觉强化奉献意识，用辛勤劳动书写报效祖国的忠诚。

（三）坚信劳动价值，养成热爱劳动的良好习惯

劳动是人类的本质活动，劳动光荣、创造伟大是对人类文明进步规律的重要诠释。青年人作为我国社会主义事业建设的希望和栋梁，要身体力行地践行劳动观，不断充实自我。作为新一代中职学生，只有不忘初心、牢记使命，对工作保持一如既往的干劲儿，才能永葆奋斗品质，为祖国建设添砖加瓦，为实现中华民族伟大复兴和建设现代化强国贡献力量。

任务三　提升劳动素养

劳动素养是对劳动意识的进一步深化，是指经过生活和教育活动形成的与劳动有关的人的素养，包括劳动的价值观（态度）、劳动的知识与能力等维度。因此，劳动素养是指劳动者在劳动过程中与之相匹配的劳动心态和劳动技能的综合概括，是处于社会实践活动中的实践主体在掌握一定知识储备和劳动技能基础上开展实践活动，特别是劳动实践中所展现的优良品质的集合，包括劳动意识、劳动精神、劳动能力，以及知识储备和创新精神等状况。

一、中职学生的劳动素养现状

具体而言，中职学生的劳动素养是指在掌握扎实专业知识的同时，具有积极主动的劳动意识、良好的热爱劳动和尊重他人劳动成果的心态，不仅能够扎实开展学习、生活中的脑力与体力实践活动，而且具有能够根据条件变化创造性地开展劳动的能力。当前中职学生身上反映出的劳动素养偏低的现状主要体现在以下几方面。

（一）劳动认知不足

认知是态度和行为的基础，对劳动的积极认知，能够让学生热爱劳动，尊重劳动，投身劳动，反之，学生就可能对劳动持消极和抗拒态度。然而，由于社会环境、成长经历和应试教育等因素的长期影响，当前，很多学生对劳动的认知普遍不足。劳动包含体

力劳动和脑力劳动，但不少学生对劳动简单化理解，片面地将体力劳动等同于劳动的全部，对劳动充满抵触情绪；也有部分学生轻视体力劳动，认为从事体力劳动低人一等，对体力劳动者缺乏应有的尊重；部分学生毕业后找不到满意的工作，宁愿在家“啃老”也不愿意到基层一线去；还有一些学生不能理解国家开展劳动教育的意义和价值，对劳动教育是“人生的第一教育”“劳动教育是立德树人的重要载体”认识不到位，觉得当下开展劳动教育是多此一举。

（二）劳动态度不够积极

认知影响态度，对劳动教育认知的不足，导致部分学生劳动意识淡薄，劳动态度不够端正。如有的学生认为经济社会发达了就无须发扬艰苦奋斗精神，甚至认为辛勤劳动是愚蠢行为，因而依赖父母积累的物质财富和社会资本不思进取，逐渐养成逃避劳动的心理，形成好逸恶劳的思想和懒散消极的习惯，成为“啃老族”“佛系青年”。少数学生劳动取向功利化，参加志愿服务以及社会实践活动不以认识社会和提升能力为目的，而是关注能否在综合测评中“加分”，是否有助于“评优评先”，一旦认为无法获得应有的回报，便选择逃避。日常生活中对劳动的消极态度，影响着学生对劳动以及劳动人民的情感，并进一步影响学生的就业观，表现为就业时眼高手低，追求不切实际的薪酬待遇，随意毁约，频繁跳槽。

（三）劳动能力弱化

娴熟的劳动能力需要在长期的学习及动手实践中培养和练就。由于劳动观念淡薄、劳动价值模糊、劳动实践不足，当前很多学生动手能力较差，缺乏基本的劳动技能，更有甚者，连自己的日常生活都不能自理。如有的学生不会做饭烧菜，甚至不会整理房间和清洗衣物，以至于新生开学常有父母帮忙挂蚊帐的现象，媒体中时有学生邮寄脏衣服回家清洗的报道。部分学生不会使用劳动工具，扫把不会拿，拖把不会用，把劳动工具当玩具，劳动技能几乎为零。一些毕业生眼高手低，只会纸上谈兵，不能很好地胜任工作岗位，且不愿意向有经验的前辈学习。以前的农村学生对农活还有所了解，并能从事简单农务活动，但现今一些农村学生也吃不起苦，受不起累，不仅劳动技能大幅下滑，甚至“五谷不分”，更谈不上土地情结。

（四）劳动品质欠佳

社会主义的劳动教育最重要的目的是培养学生的劳动价值观，使学生知道劳动的价值，欣赏劳动的过程，尊重劳动的果实。然而受劳动认知不足和劳动态度消极的影响，不少学生没有养成良好的劳动品质，且劳动情怀比较缺失。如有的学生崇尚安逸享乐，渴望不劳而获，梦想一夜暴富；有的学生劳动意志脆弱，不能吃苦耐劳，在劳动面前容易产生退缩心理；也有的学生缺乏艰苦奋斗精神，生活不够节俭，铺张浪费，攀比享乐；还有学生以自我为中心，不善于团队协作。部分学生在学校宁愿把大量时间花在娱乐消遣上，也不愿意打扫宿舍卫生，导致寝室脏乱不堪。还有一部分学生缺乏劳动意识和劳动自觉，不仅不愿意动手劳动，而且还难以理解劳动过程的辛勤，不爱惜、不尊重别人的劳动成果，随手丢垃圾，随地吐痰等现象时有发生。

造成学生劳动素养偏低的原因是多方面的，集中表现为学生成长历程中缺乏培育劳动素养的土壤。这种缺乏涉及社会氛围、学校教育、家庭环境等各个方面，具体表现为知识本位的文化传统、分数为王的应试教育、劳育缺失的学校教育、过度娇宠的成长经历等。

二、提升劳动素养的途径

（一）注重劳动价值引导

加强劳动思想教育，让“劳动最光荣、劳动最崇高、劳动最伟大、劳动最美丽”的观念内化于心、外化于行。中职生要加强马克思主义劳动理论的学习，深刻理解和领会马克思主义关于劳动创造人、劳动促进人的全面发展等观点，通过加强思想政治学习、专业学习提高参加劳动实践、接受劳动锻炼的自觉性和主动性。

劳动教育并不是简单地学习理论课程，也不是完成多少劳动任务。接受劳动教育，不仅是获取劳动的知识与技能，更是涉及价值观的培养问题，要在日常行为习惯的养成中培养劳动意识，以及基本生存能力、责任担当意识。因此，劳动教育的核心目标是劳动价值观的培育，要通过劳动教育，加强学生对劳动的认识，改变学生对劳动的态度，培养学生对劳动的情感，让学生最终树立尊崇劳动、热爱劳动的价值观。

（二）加强劳动品德修养

劳动品德体现了劳动的伦理要求，是指人们在劳动过程中所表现出来的对他人和社会的稳定的心理特征或倾向。学生要深刻理解新时代的劳动者“不仅需要有力量，还要有智慧、有技术，能发明、会创新”的道理，要以科学家、大国工匠和劳动模范为榜样，胸怀理想、脚踏实地、勤学习、锐意进取、敢为先锋、勇于创造。

（三）加强劳动技能学习

劳动知识技能是个体从事一定劳动所必须具备的知识、技术、技巧，以及综合运用这些知识、技术、技巧的能力，是个体劳动素养全面提升的必备基础。学生应通过专业课学习、实习实训、创新创业教育、专业实习、毕业实习等课程加强劳动技能学习，用系统的科学知识为提升劳动素养奠定坚实的基础。

（四）加强劳动实践锻炼

劳动习惯是个体在长期劳动实践训练中形成的稳定的行为模式。加强劳动实践锻炼，养成良好的劳动习惯，要让真抓实干、埋头苦干成为基本的生活方式。中职生要在实践中体会劳动素养提升与自身健康成长和全面发展的内在联系，积极参加家庭劳动、学校组织的劳动教育和劳动锻炼，并积极寻找社会实践、公益劳动、勤工助学、校外实习、假期打工等劳动机会，在劳动过程中训练劳动技能，形成热爱劳动的良好品德，锻炼吃苦耐劳的意志品质，全面提高劳动素养。

（五）营造劳动校园文化

校园文化对学生的思想观念、价值取向和行为方式具有潜移默化的影响。学校应加强劳动育人校园文化建设，大力弘扬劳模精神、劳动精神、工匠精神，实现劳动教育与校园文化建设相融合。对于职业学校的学生而言，一是重视向榜样学习，通过参加学校开展的“劳模大讲堂”“大国工匠进校园”等专题讲座，以及在校园官网、官网微信、橱窗、走廊等宣传阵地推送劳模和工匠的先进事迹，近距离接触劳动模范，聆听劳模故事，感受榜样力量，从而激发崇敬劳模、学习劳模，崇尚劳动、热爱劳动的情感；二是重视发挥朋辈效应的作用，向身边的人学习。要积极参加与劳动有关的兴趣小组、学生社团，在班会、团课、社团活动，广泛开展与劳模精神相关的主题演讲、知识竞赛、征文比赛，以及辩论赛、情景剧大赛，在活动中主动探索和反思劳动的意义与价值；要广泛参加以劳动教育为主题的手工劳技展演，如手工制作、电器维修、班务整理、室内装饰、宿舍内务技能大赛等实践活动，提高自身的劳动意识，加强自身劳动习惯的养成。

（六）在校园生活和日常自我管理中培养劳动素养

一是在班级和宿舍管理中设立劳动岗位。劳动是一项身心相结合的活动，对学生的社交能力、互相协作能力、团队精神的培养有促进作用。职业院校的学生大部分时间是在教学场所和宿舍中活动的，在教学场所，可以安排值日生定期进行教室和实训室的日常管理、卫生清洁；在宿舍内进行轮流值日，负责宿舍的卫生及美化，打造和谐居住和生活的环境，培养劳动意识。

二是定期参加校内外劳动实践活动。学生可以参加在学校内设立的劳动基地参加劳动（如无条件，可就近联系工厂或者农场，有组织地安排学生进行生产劳作）。同时，应利用寒暑假进行一定时间的实习锻炼，提交相应的劳动实践报告，将劳动活动与专业的校内外时间、实习相结合，并附以一定的学分，纳入考核范畴。

三是加强日常管理制度建设。职业院校从上到下，从领导到全体师生都要有培养劳动精神的意识，才能通力协作，将劳动意识的养成融入人才培养中。因此，制度建设及多方位的宣传就成为保障和落实的关键。在管理过程中，将校内外实践、顶岗劳动、宿舍劳动岗位设立、校园服务及社区服务等都形成规矩和要求，最好以课时或者学分的形式纳入教学和育人体系。

实践活动

“劳动创造美·建功新时代”演讲比赛

劳动使机器飞速转动，劳动使田间瓜果飘香；劳动是人类永远的旋律，劳动是勤劳者心灵之歌；劳动让世界展现美好，劳动创造幸福生活。在百年奋进征程中，我们要勤于创造、勇于奋斗，以劳动托起中国梦。请以“劳动创造美·建功新时代”为主题开展演讲比赛。

一、活动主题

“劳动创造美·建功新时代”主题演讲比赛。

二、活动时间

____

三、活动地点

____

四、活动准备

（1）物品准备：演讲背景音乐、PPT 及服装或道具。

（2）文稿准备：自行撰写一篇主题鲜明、表达贴切、观点鲜明的演讲稿。

（3）组织筹备：根据活动要求，组建活动筹备小组，根据演讲比赛的要求策划具体活动方案。

（4）比赛准备：汇总音乐、PPT，准备好设备及道具，抽签确定比赛顺序并落实活动彩排。

五、活动要求

演讲比赛要求：内容契合主题，表达准确；使用普通话，脱稿，表达流畅；比赛采用百分制，赛前抽签决定顺序，限时 5 ～ 8 分钟，超时或时间不够扣 5 ～ 10 分。

六、活动评价

根据本次活动实施情况，填写活动评价表（见表 1－2）。

表 1－2　演讲活动评价

评价维度	评价标准	自评	小组评	教师评	备注
前期准备（30 分）	参与材料收集和演讲稿撰写；参与各项筹备				
活动参与（30 分）	活动积极，坚守岗位，参与活动认真，效果好				
小组协作（30 分）	配合默契，服从工作安排，高效完成任务				
整体效果（10 分）	活动表现得主动积极，助力活动的精彩呈现				

项目二 培育劳动品质

项目概述

习近平总书记在2018年全国教育大会上强调，“要在学生中弘扬劳动精神，教育引导学生崇尚劳动、尊重劳动，懂得劳动最光荣、劳动最崇高、劳动最伟大、劳动最美丽的道理，长大后能够辛勤劳动、诚实劳动、创造性劳动”。根据苏霍姆林斯基对劳动品质培养与技能学习的关系阐述，“学校里的生产劳动不是为了赚钱，不仅仅是为了让学生去学得一技之长，而是为了获得全面和谐与积极自由的发展，为了丰富学生的精神生活”，因此劳动品质培养是劳动教育的重要组成部分。

学习目标

目标维度	具体内容
知识目标	1. 了解合作劳动的含义和意义 2. 了解创造性劳动的含义
能力目标	1. 能遵守社会规范和劳动规范 2. 能与他人一起合作劳动
素养目标	1. 培养积极向上、勤劳智慧的品质 2. 培养奉献精神和团队精神 3. 做新时代中国特色社会主义建设需要的高质量劳动者和建设者

榜样引领

坚守承诺的孔胜东

穿上绿色的公交制服，他是开公交车的“模范司机”；套上志愿者红马甲，摆起修车摊，他就是会修自行车的孔师傅，是杭州广为人知的“活雷锋”。

从有口皆碑的“模范司机”到免费修车的“活雷锋”，孔胜东用两种身份践行着一份诺言，一份坚持为人民服务、坚持带头示范的诺言。这份默默的坚持一如修车摊边那片昏黄的灯光，看似不动声色，却足以温暖这座城市每一个人的心房。

一次偶然机会，23 岁的孔胜东想到用自己的自行车修理技术为群众做点事。于是，他立即行动，每逢周六 19 时，便支起修车摊。他修车从不收一分钱，当车主有急事而车又一时难以修好时，他就把自己的车借给车主用。20 多年来，孔胜东从不缺席每一个周六。

妻子曾经帮孔胜东粗略地算了一下，这 20 多年来用在修车摊上的材料费和电费近 12 万元，在公交车上提供的茶叶、报纸、雨具、药品等费用还未计算。

除了修车，孔胜东坚守自己的本职工作，踏踏实实地做好一名公交车司机。他开车稳当，开车时还会人工报站，不厌其烦地介绍着在这里下车能去哪里、可以换乘什么公交车。他的车上常备有自己设计制作的沿线导游图、车辆转乘示意图，还有茶水、晕车药、扇子、雨伞等。

孔胜东给自己也为其他员工创新地提出“六个一样”的服务宗旨：外地乘客与本地乘客一个样，人多人少一个样，检查与不检查一个样，领导在与领导不在一个样，白天和晚上一个样，日日月月年年一个样。

孔胜东曾说：“提供服务是一件很难的事，不仅仅是细心和爱心，人民群众都看着呢，作为党员，做出的承诺就一定要坚持下去。”在乘客的心中，孔胜东的车就是“放心车”“雷锋车”。他所在的线路也先后被评为浙江省建设系统服务示范点、全国“三八红旗集体”、全国“工人先锋号”。

我们在孔胜东身上可以看到许多高贵的品质：诚实守信、爱岗敬业、无私奉献等。正是千千万万个像孔胜东一样的人为我们树立了榜样，让更多的人加入为人民服务、为建设祖国发光发热的队伍中。

资料来源：郑超. 两个身份　一种坚持.（2012－05－18）[2025－06－18]. https://hzxcw.hangzhou.com.cn/wmhz/content/2012－05/18/content_5018831.htm.

劳动箴言

知识是从劳动中得来的，任何成就都是刻苦劳动的结晶。

——宋庆龄

任务一 热爱劳动

高尔基说：“我们世界上最美好的东西，都是由劳动、由人的聪明的手创造出来的。”其实我们生来就是一群劳动者，热爱劳动更是中华民族的传统美德，我们理应将它传承下去。

热爱劳动是劳动者对劳动的积极心理态度，是创造众多社会奇迹的劳动者所共有的品质。只有基于对劳动的热爱，劳动者才能最大限度地发挥自己的聪明才干，提高劳动效率，进而体会到自我价值实现的满足与喜悦。反之，如果对劳动不能形成由内而外的热爱，劳动就会异化为外在的束缚和枷锁，人在劳动中必然就不会感到幸福。

一、热爱本职工作

热爱劳动是中华民族的优秀传统。如今，我国经济迈入高质量发展阶段，社会分工日益精细，每一种职业都和其他职业相互依存，每一种正当合法的职业都有其存在的价值和意义。青年学生只有坚守热爱劳动的价值观念，继承和发扬热爱劳动的优良美德，才能实现由“要我劳动”到“我要劳动”的转变，才会心悦诚服地认同劳动，在工作岗位上埋头苦干。

二、积极对待劳动任务

接到教师、班干部或学校分配的劳动任务后，不同的学生有不同的反应。有的学生欣然接受，全力以赴准备接受挑战；有的学生逃避或拒绝，甚至感到焦虑和彷徨，不能积极对待劳动任务，常见的说辞有“我不行”“我没有做过”“我做过很多遍了，没意思”“我还有其他事情要做”“我需要休息”等。

对于中职生来说，日常生活中劳动并不是繁重的工作任务，只要用心尽力去做，都能克服困难。因此，中职生首先要从心理上直面工作任务，相信自己，鼓励自己欣然接受劳动任务；如果完成任务确有困难，可以向家长、老师和同学寻求帮助。中职生应当相信自己，只有积极动手去做，才能找到劳动的乐趣，才能消除对劳动的抵触情绪。

三、克服懒惰情绪，高效利用时间

奋斗改变命运。俗话说：人懒，富不久；人勤，穷不久。人在年轻时偷懒不劳动，到老了一无所有，后悔也没用；在青年时努力地劳动，坚持不懈，到老了往往会很满足。中职生要通过自我调整，克服懒惰情绪，鼓励自己动起手来，用劳动填满自己的闲暇时间。

“明日复明日，明日何其多。我生待明日，万事成蹉跎。”要想克服劳动中的拖延，就要充分有效地利用时间，要给自己定任务和期限，并合理分解劳动任务，及时付诸行动。凡是有成就的工作者，毫无例外地都是利用时间的能手，也都是在不同时间中投入大量劳动的人。整日忙碌、快节奏的生活，虽然很劳累，但是能锻炼人的各项能力。

四、尽心尽力地完成任务

在接受劳动任务后，有的人认真负责、尽心尽力；有的人马马虎虎、敷衍了事；有的人能够主动深入思考劳动任务的目的、手段和方法，将工作做到面面俱到；有的人却只能单纯地在表面上完成领导交给的任务，甚至是“推一下，动一下”。“眼里有活”和“被动干活”这两种截然不同的态度，久而久之，会使劳动者的工作业绩、工作能力、工作技能产生很大的差距。

案例点评

张同学和赵同学都是某职业院校汽修专业的学生，毕业后进入同一家汽修公司工作。张同学在工作中不但主动承担工作任务，而且经常向公司的老员工请教，还在修理汽车的过程中主动询问顾客的意见，对公司服务流程、收费标准、客户的关注点等做了大量的了解工作。赵同学只是将领导安排给他的工作做好。从表面上看，张同学工作更加热情，赵同学工作更加独立，似乎并没有什么本质上的差异。两年后，张同学被提拔为公司维修部的部门经理，原因是他对全部门的工作非常了解，懂得多，技术好，而赵同学依然是个普通的维修工。

资料来源：田保家．中职生劳动教育．徐州：中国矿业大学出版社，2022.

点评：张同学和赵同学对待工作任务的差异对他们的个人成长和职业发展产生了影响，热爱工作的人总能熠熠发光。

课堂互动

古诗词与辛勤劳动

千百年来，人类用自己的劳动来改造世界、创造财富、改善生活。在我国传统文化中，有不少和劳动有关的诗词歌赋。

陶渊明在《庚戌岁九月中于西田获早稻》一诗中写道：“人生归有道，衣食固其端。孰是都不营，而以求自安？”这告诫人们要自食其力、勤奋劳动，如果什么事都不做，又怎么能解决自己的温饱问题呢？

你还知道哪些与劳动有关的诗词？诗词表达了哪些思想？请完成表 2－1。

表 2－1　关于劳动的诗词

诗词	出处	表达思想

任务二 诚信劳动

诚信即诚实守信，指为人处世实事求是、信守诺言。这是我们必须具备的基本道德品质。诚信劳动，就是将诚信这种基本的道德品质投入劳动中。在劳动中，诚信是基本的劳动态度和职业素养，也是职场的“通行证”，那些文过饰非、弄虚作假、偷工减料的人即使能得逞一时，但总有一天也会被人们识破，最终无法在职场和社会立足。

任何人要想获得财富和幸福，只有通过诚信劳动来实现。诚信劳动是社会全面发展的重要基础，也是个人心理健全的主要表现。诚信劳动要求我们不投机取巧、不好高骛远，而是诚信地运用自己的体力与脑力，脚踏实地去完成劳动，去实现梦想。

一、遵守规范

古人常言“人无信不立”“言不信者，行不果”，意思是一个人如果不讲信用，做事就不会有好结果，就会在社会上寸步难行，没有立足之地。诚信，是中华民族的传统美德，是为人之本，也是成事之本。诚信劳动的首要要求就是遵守规范，一是遵守社会规范；二是遵守劳动规范。

（一）遵守社会规范

诚信劳动要遵守社会规范。这就要求我们在劳动中，一要遵纪守法，自觉学法、懂法，合法劳动；二要明礼诚信，行为举止、待人接物应该文明礼貌，与人交往应该信守承诺；三要团结友善，与人和睦相处，互助友爱；四要勤俭自强，勤奋工作，俭朴节约，积极进取；五要敬业奉献，恪尽职守，兢业工作，克己奉公，服务社会。

随着社会的转型、多元文化价值观的冲击，作为一般的社会道德规范，诚信对于个人成长和社会发展都非常重要。对个人而言，诚信劳动是成就梦想的基石，个人只有诚信劳动才能立足社会，赢得尊重，通往成功；对社会而言，诚信劳动是推动社会发展的动力。我国经济、军事、科学、教育、医疗事业的不断发展，社会的不断进步，与无数诚信劳动者的卓越贡献和忘我拼搏是密不可分的。社会的和谐稳定，人民生活水平的持续改善，各个方面取得的巨大成就，无不证明了正是诚信劳动推动着社会文明高速发展。

（二）遵守劳动规范

韩非子说：“万物莫不有规矩。”这句话的意思是万事万物都有其准则和法度。孟子说：“不以规矩，不能成方圆。”这句话的意思是生活处处需要规范，人们遵守规范，生活才会有秩序。可见，遵守规范是人们生活的基本要求。劳动就是具有规范性的，诚信劳动要求劳动者在劳动过程中遵守团队或组织制定的劳动规范，履行个人或岗位职责，合理合法地劳动。

劳动规范的制定通常是为了保障生产安全，提高劳动质量和劳动效率。遵守劳动规范主要体现在两个方面。

1. 在劳动过程中讲诚信

在劳动中，自己的事情自己做，杜绝偷工减料、投机取巧、欺骗、窃取劳动资料和他人的劳动成果等行为；遵守规章制度，严格按照规范的流程操作，按时按质地完成劳动任务。

2. 对劳动过程中涉及的他人、团体和组织讲诚信

如对客户和同事讲诚信，真诚对待；对团队成员讲诚信，开诚布公，精诚合作；对上级领导讲诚信，信守承诺，说到做到。

二、实事求是

实事求是指从实际情况出发，不夸大，不缩小。诚信劳动不仅要求我们在法律法规和国家政策允许的范围内从事各种劳动，还要求我们在失误面前勇于担责，实事求是地认识和对待自己的劳动过程与劳动成果。

不同的劳动，劳动环境和劳动条件有所差异。即使是同样的劳动环境和劳动条件，由于人的不同，能力大小的不同，产生的劳动效果也会有所不同。但只要我们在劳动中遵纪守法，做人纯粹，做事实在，对自己的劳动过程、劳动成果不夸大其词，不弄虚作假，不投机取巧，不坑蒙拐骗，不侵占他人的劳动成果，不损害集体的劳动利益，我们就问心无愧。

从古至今，培养人们正确的做人做事态度，实事求是都是最基本的要求。孔子在教导子路时说："知之为知之，不知为不知，是知也。"荀子在表达行为的标准时说："能之曰能之，不能曰不能，行之至也。"欧阳修在《代人上王枢密求先集序书》中提到写好文章必须遵循的基本原则："言以载事，而文以饰言，事信言文，乃能表见于后世。"意思是言辞能够记载事件，文采可以装饰言辞，事情记录得真实可信，同时语言又有文采，这样的文章才能够呈现给后人看。不管是为人处世，还是做文章钻研学问，古人都追求实事求是，作为当代青年，我们更应该实事求是、诚信劳动。

案例点评

诚信做事，赢得商机

小吴大学毕业后，在父亲的帮助下开了一家汽车维修店。由于为人勤恳，维修店的生意越来越好，前来修理汽车的顾客络绎不绝。有一天店里来了一位陌生的顾客，自称是某运输公司的汽车司机，在车辆维修结束后，这位顾客拉着小吴来到修理车间的角落并告诉小吴，希望小吴可以在他的账单上多填一些维修零件的数量，在事成之后会给小吴一定的回报。无论这位顾客如何劝说小吴，小吴都坚决地拒绝了他，并让他立刻离开。让人意想不到的是，这位顾客却满脸笑意地告诉小吴，自己就是运输公司的老板，他一直在寻找一个固定的、信得过的维修店，今天总算找到了，他被小吴的诚信品格深深折服。之后，这位运输公司的老板便与小吴建立了长期的合作关系。

资料来源：刘国胜，柳波，袁炯. 大学生劳动教育. 北京：人民邮电出版社，2021.

点评：汽车维修店店主小吴坚持实事求是原则，在利益诱惑面前，他没有弄虚作假，这使他获得了顾客的信任，赢得了商机。可见，诚信劳动是正确的劳动观念，且诚信劳动的人可以得到他人的尊重和信任。

三、脚踏实地

著名地质学家李四光对科学的态度是“让事实说话”，他曾说：“科学是老老实实的东西，它要靠许许多多人的劳动和智慧积累起来。”诚信劳动需要我们培养起脚踏实地的实干精神，对待劳动任务态度诚恳，埋头苦干，任劳任怨。

老子说：“合抱之木，生于毫末；九层之台，起于累土；千里之行，始于足下。”做人也一样，我们需要脚踏实地，相信勤能补拙，付出终有收获。成功不是一朝一夕就能实现的，成功是一步一个脚印不断积累的过程。为了实现理想，我们需要从小事做起，不断提高自己的能力。然而，许多人认为用自己的能力做这些小事是浪费，认为有些小人物不值得关注。事实上，这些观点是错误的。一个人如果总想一步登天，不能脚踏实地，那么不管他做什么，不管他怎么做，终究不能取得出色的成绩。

小军和小张一起到一家玩具模型加工厂工作。小军心高气傲，总想能够一步登天，并在大城市里做出一番事业，所以从进厂的第一天起，他就常常抱怨玩具模型加工工作枯燥无聊，每天都在做同样的事情，因而对工作缺乏热情，总是应付自己的工作。而小张却一直在脚踏实地地工作，不仅受到领导赏识，还被送到国外深造。最后，小军由于工作时心不在焉，损坏了一批玩具模型，给工厂造成了极大的损失，最终被老板解雇了。

有的人面对生活，整天怨天尤人，像小军一样眼高手低，想取得一些成绩，却不能脚踏实地，最后只能眼睁睁看着别人晋升和加薪，自己却失去了工作。这类人的抱怨不仅无济于事，而且对解决问题没有任何益处。反观小张，面对同样不尽如人意的工作，他通过自己的不懈努力，脚踏实地找到出路，不断提高自己的能力，这才是智者的做法。

任务三 合作劳动

我们不仅需要独立地劳动，也需要在劳动中团结合作。我们在生产生活过程中，为了达到共同利益和目的，或者为了将利益最大化，往往会选择合作劳动。例如，同学们一起完成化学实验，运动员相互配合完成体操训练，工人合作建造一幢高楼，科学家组建团队实现科研创新。个体的力量在许多劳动中往往显得太小，特别是对于那些环节复杂或技术含量较高的劳动，仅靠个人的力量往往显得势单力薄甚至无能为力。因此，我们需要寻求与他人合作，一起完成复杂或困难的劳动。

一、合作劳动的含义及意义

（一）合作劳动的含义

合作劳动是一种联合行动的方式，是个人与个人、群体与群体之间为达到共同目的，彼此相互配合而进行的劳动。随着生产力的发展和社会的不断进步，劳动逐渐出现了分工，分工又会涉及合作。就现代社会而言，劳动与合作应该说是相辅相成的，特别是对复杂劳动而言，合作劳动是我们提高劳动效率，顺利完成劳动任务的必然选择。

（二）合作劳动的意义

1. 合作劳动能满足人类群体的需求

在日常生活生产中，有的劳动过程繁杂或对劳动者的个人力量和能力要求较高，当单独依靠个人很难完成劳动任务时，就需要通过与他人合作，通过团队的力量来完成劳动任务。

2. 合作劳动能满足人际交往的需求

人是群居性的动物，有人际交往的需求。例如，人具有社交需求，希望与别人来往、结交；人具有情感需求，渴望友情、爱情等。在合作劳动中，人与人之间必然发生社交联系，人们从中获得不同的情感体验。例如，与家人合作劳动，能够使人认识到自己的价值和责任，有利于促进家庭关系和谐；与同学合作劳动，能够使彼此相互促进，收获友谊；与朋友合作劳动，能够建立牢固的友谊，增进彼此之间的亲密感。

3. 合作劳动能满足自我发展的需求

通常在合作劳动开始之前我们需要合理组织和充分沟通，并且要有详细的劳动计划，这就为我们提供了相互学习、取长补短，以及锻炼个人能力的机会。同时，合作劳动也提供了充分展示个人知识和能力的舞台，既能满足个人展示的需求，又能创造出财富和价值，并使个体实现个人价值。

二、树立合作意识

俗话说："一个和尚挑水喝，两个和尚抬水喝，三个和尚没水喝。""一只蚂蚁来搬米，搬来搬去搬不起；两只蚂蚁来搬米，身体晃来又晃去；三只蚂蚁来搬米，轻轻抬着进洞里。"上面两种相似的场景产生了截然不同的结果："三个和尚"之所以"没水喝"是因为团队成员互相推诿、不讲协作；"三只蚂蚁来搬米"之所以能"轻轻抬着进洞里"，正是团队成员精诚合作的结果。

合作意识是指个体对共同行动及其行为规则的认知与情感，是合作行为产生的一个基本前提和重要基础。

丹麦天文学家第谷·布拉赫用了30多年时间观察行星的位置，积累了丰富可靠的资料，但他不善于理论思维和科学整理，所以他未能进一步取得重大发现。去世前，第谷·布拉赫将用毕生心血得来的资料交给助手开普勒，并让他按这些资料编制星辰图表。开普勒充分地运用了这些资料，并出色地发挥了自己的科学钻研精神，一举发现了行星运动的 3 大定律。这一天文学硕果的诞生，没有合作是不能轻易实现的。

如今，科技高速发展，社会分工精细，而个人的智力和水平总是有限的。为了共同的目的一起工作，已成为 21 世纪的主要工作模式。现代社会，人与人之间的沟通和协作越来越多，合作意识成了现代社会人们生存和发展必备的素质。未来，合作能力、协作能力、沟通能力强的人，将更加受到社会的青睐。

当代中职生拥有良好的学习环境和教育条件，为迎接新时代的挑战，应积极树立合作意识，奠定个人自我发展的基础。首先，我们要懂得自己与别人合作时，先付出对别人的信任，才会收到别人的信任。其次，有团队就可能出现竞争，我们应该树立团队意识，不应看重输赢，应注重参与。例如，足球比赛不会一味强调某位队员踢进了几个球，作为团队比赛，足球比赛不是一个人的事。我们更应该关注队员的参与精神，如是否积极与队员配合，是否积极参与防守、积极帮助别人助攻等。

知识链接

木桶定律

木桶定律是讲一只木桶能装多少水取决于它最短的那块木板（见图 2-1）。一只木桶若要盛满水，则要求每块木板都一样平齐且无破损，即使这只木桶的木板中只有一块不齐或者只有一块木板有破洞，这只木桶也无法盛满水。因此，一只木桶能盛多少水，不是取决于最长的那块木板，而是取决于最短的那块木板。同样的道理，对于任何一个组织来讲，它的各个组成部分都是优劣不齐的，而劣势部分往往决定整个组织的水平。

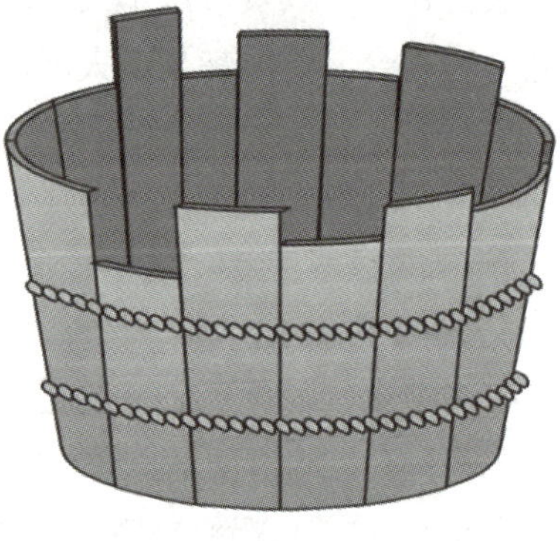

图 2-1　边沿不齐的木桶

资料来源：中国经济网综合．劣势部分决定整个组织的水平：木桶理论．(2010-01-07) [2025-04-30]. http://views.ce.cn/fun/llbk/201001/07/t20100107_20759076.shtml. 有改动．

三、提升合作劳动的能力

合作能力是许多企业非常重视的能力，也是中职生创业必须具备的基本能力之一。合作强调的是协调、协作，中职生应该在平时加强这方面的锻炼，具体可参考以下四条建议。

（一）积极参与团队活动

参与并不仅仅是参加，它需要我们更多地在团队中展示自己的才能，让大家了解自己的观点、思想和个性。当然，积极参与不能是高谈阔论毫无实质的内容。当我们习惯积极参与团队活动时，自然更重视团队合作，也更能在团队中发挥出自己的能力。

（二）尊重团队每一位成员

尊重团队每一位成员是保证合作成功的基础。在团队中，即使你的能力十分突出，也需要倾听他人的意见和观点，不能随意打断他人的讲述或表现出不耐烦的情绪等。当自己与团队成员之间的观点不一致时，不能倚仗自身在团队中的地位来武断地否定他人的观点，即使他们的观点是错误的，也需要晓之以理，不能独断专行。

（三）善于鼓励他人

在团队中，我们除了要提出自己的观点，还应该鼓励其他成员各抒己见，鼓励他们在团队中发挥自己的作用，让他们意识到自己的重要性，即不仅仅自己要积极参与到团队中，还应该鼓励团队中的其他人也积极参与进来。

（四）有效地讨论问题

团队在劳动中，经常会采取开会讨论的形式处理各种问题。在讨论过程中，大家各抒己见，但最终无法达成一致，或者无法解决问题，那么这种讨论就是无效的。在讨论中有效地解决问题，对团队而言是十分重要的。在讨论时我们应该清楚说出提问理由和根据，说出自己的观点，且认真聆听他人意见，了解他人观点。

任务四　创造性劳动

一、创造性劳动的含义

创造性劳动是以知识、技能、情感的再造为基本特征，以创新、创先、创优为基本表现形式，以促进人的全面发展和社会全面进步为根本目标的劳动。从小处说，一个人取得突出的成就，其中无不包含创造性劳动的因子；往大了看，人类劳动由低级形态向高级形态发展，最主要的标志是创造性劳动数量的增长和水平的提高。从一定意义上说，创造性劳动是人类社会发展的根本力量。

二、创造性劳动的重要性

劳动本身是人脑力和体力的体现。重复性劳动会抑制劳动者的生产兴趣和生产才能，不断强化人的某一方面的片面能力。在创造性劳动中，劳动者持开放性思维，在理论学识基础上，不断探寻、发现并掌握世界万物变化的规律。创造性劳动使劳动者将理论和实践相结合，锻炼了逻辑思维能力，丰富了知识，增强了智慧，使个人能力得以提升和发展；创新劳动帮助企业提质增效，促进产业升级和技术创新，推动科技进步和人类文明发展；创新是一个国家兴旺发达的动力，是推动人类社会向前的重要力量。伟大复兴的中国梦的实现，需要创造性劳动。

三、创造性劳动的表现形式

创造性劳动是一种巧干，能在具体的生产实践中事半功倍，甚至能产生以一当十的经济效益。根据劳动主体发挥主观能动性而对创造性劳动进行分类，可以分为四种表现形式。

（一）科学创新劳动

科学创新劳动是为进一步认识客观事物而获得新知识的创造性劳动。如经典力学始祖牛顿、实验科学先驱伽利略、对电磁学做出巨大贡献的法拉第、第一个发现镭的居里夫人、创立相对论的爱因斯坦等，他们都是从事科学创新劳动的光辉典范。

（二）技术创新劳动

技术创新劳动是为节约时间和空间、节约体力和精力、节约资源和能源而探索更简便的思想、方法、手段的创造性劳动。比如集装箱的发明就是一个明显的例子。这虽然不是发现新知识的科学创新，却是一个能给社会带来巨大效益的技术创新。从产业发展的历史来看，在许多重要产业，包括高新技术产业，关键的不是科学创新劳动，而是技术创新劳动。比如要做出 0.5 微米的集成电路技术产品，其科学原理并不复杂，也早已为人们所掌握，所以并不需要科学创新劳动，却需要复杂的技术创新劳动才能完成。

（三）产品创新劳动

产品创新劳动是为满足社会与个人的新需要而设计与创造新的使用价值的劳动。如多功能手表、多功能工具刀等都是运用创新思维而产生的产品。再如无叶风扇，由于没有转动叶片或网格外罩，安静、安全、易于清洁；太阳能草帽，一个可以边走边充电的草帽，它附带太阳能板，能让你的手机时刻有电可用。这些创新产品不仅满足了人们的更多需求，也提升了产品的附加功能和竞争力。

（四）人力创新劳动

人力创新劳动指发展人自身的劳动，这类劳动是发展人自身的劳动，它包括学习劳动和教育劳动。学习劳动和教育劳动都是塑造和培养劳动者新的能力和素质的劳动。人具有思想和个性，教育劳动要因人而异、因材施教，才能实现创新。

四、创造力提升

（一）创造性思维的培养

创造性思维是创造性劳动的前提条件。创造性思维是在原有的知识经验之上，提出新的问题解决方案，形成新的思维方式。创造性思维用独特新颖的思考方式，创造新的劳动成果。

1. 联想法

联想是借助挖掘事物之间的相似或联系，由一事物想到另一事物。联想法是创造性思维中最活跃的部分。因事物的特征和个体思维的特性，联想分为很多种：因果联想、仿生联想、相关联想、相反联想等。

2. 灵感法

灵感思维是指当长时间思考不出解决某一问题的方法时，出于偶然的契机，突然得到正确的、巧妙的、崭新的解决方法。灵感思维是一种非理想思维，帮助人们解决各种疑难问题。灵感思维具有突发性、瞬息性和情感性三个特点。

与联想法一样，获得灵感思维，也需要人们不断地积累。在生活中善于发现、乐于观察，从自然社会中获取触发灵感的信息点，再结合自身阅历及文化积淀，触类旁通，由此及彼，产生奇思妙想，并从中感受多角度解决问题的策略。厘清事物的原理和本质是人们获取灵感解决问题的前提。

（二）创新技法的培养

创新技法是建立在认知规律基础上的创新思维、创新心理的原理、技巧和手段，是实现创新的中介，是社会快速推出新技术与新产品的一种可用资源。简言之，创新技法就是创造学家根据创新思维的发展规律而总结出来的一些原理、技巧和方法。

1. 奥斯本检核表法

亚历克斯·奥斯本在《创造性想象》中提出“奥斯本检核表法”。奥斯本检核表原有 75 个问题，可归纳为九组提问，其核心是改进（见表 2－2）。

表 2－2 奥斯本检核表法

序号	检核类别	检核内容
1	能否他用	有无新的用途？是否有新的使用方式？可否改变现有的使用方式？
2	能否借用	有无类似的东西？利用类比能否产生新观念？过去有无类似的问题？可否模仿？能否超过？
3	能否扩大	可否增加些什么？可否附加些什么？可否增加使用时间？可否增加频率、尺寸、强度？可否提高性能？可否增加新成分，可否加倍？可否扩大若干倍？可否放大？可否夸大？

续表

序号	检核类别	检核内容
4	能否缩小	可否减少些什么？可否密集、压缩、浓缩、聚束？可否微型化？可否缩短、变窄、去掉、分割、减轻？可否变成流线型？
5	能否改变	可否改变功能、颜色、形状、运动、气味、音响、外形、外观？是否还有其他改变的可能性？
6	能否代用	可否代替？用什么代替？有何别的排列？可否用别的成分、材料、过程、能源、音响、颜色、照明？
7	能否调整	可否变换？有无互换的成分？可否变换模式，如布置顺序、操作工序、因果关系、速度或频率、工作规范？
8	能否颠倒	可否颠倒？可否颠倒正负、正反、首尾、上下、位置？
9	能否组合	可否重新组合？可否尝试混合、合成、配合、协调、配套？可否把物体组合起来，如进行目的组合、特性组合、观念组合？

2. 希望点列举法

希望点列举法是美国内布拉斯加大学教授克劳福特提出的一种创新技法。此法是通过提出来的种种希望，经过归纳，确定发明目标的一种方法。此法从发明者的意愿出发提出各种新设想，可以不受原有物品的束缚，是一种积极主动的创新方法。

创新技法是建立在认知规律基础上的创新思维、创新心理的原理、技巧和手段，是实现创新的中介，是社会快速推出新技术与新产品的一种可用资源。一些劳动形式和内容的进步与变化，表明了创新劳动在时代发展中的进步价值。社会在发展，劳动方式在变，创新劳动所体现出的社会价值及内涵会更加深刻。

实践活动

趣味运动会

为更好地活跃班级气氛，丰富同学们的生活，展现大家的才能，更多地增强同学们之间的团队精神，现要求每 4 ～ 6 人组成一个团队，举办一次趣味运动会活动。

一、活动主题

“团结拼搏·汇聚合力”趣味运动会。

二、活动要求

本次趣味运动会共分为 4 关，每关游戏均以计时方式进行，根据 4 关游戏累计用时长短评出优胜团队，优胜团队可获得奖励。

三、活动设置

第一关：主持人事先画出 3 个大小依次递减的圆圈。每队从最大的圆圈开始，每名队员把一只脚放入圆圈，鞋子不能越过边界，另一只脚不能着地。主持人倒数 5 秒，团队成功后再进入另一个较小的圆圈继续比赛，赛制一样，计时从队伍踏入第一个圆圈开始。

第二关：每队先派出两名队员，两名队员背靠背夹着气球由起点往终点跑，到了终点把气球放在终点的凳子上，坐爆气球。再回到起点，换另外两名队员。依此类推，直至坐爆 5 个气球为止。

第三关：每队先派出一名代表抽取纸条，然后围成一个圆圈并“金鸡独立”，每名队员依次唱出一句包含纸条所写的字或词（谐音也可）的歌曲，接连唱出 5 句即可过关。

第四关：每队先各派出一名队员，通过单脚跳的方式，用筷子夹起乒乓球向终点出发，把球放进指定位置。如果球中途掉了，则需要重新开始。到达终点后，单脚跳返回起点，下一名队员重复游戏，一直到最后一名队员完成为止。从第一名队员比赛时开始计时（起点与终点相隔 10 米）。

项目三 学习劳动知识

项目概述

想要善于劳动，就需要丰富的劳动知识和突出的劳动能力。如果说正确的劳动观念、高贵的品质和优良的品德是一个人劳动的“软件”，那么，知识和能力就是劳动的“硬件”。“工欲善其事，必先利其器。”现代社会，劳动越来越智能化和复杂化，对劳动者而言，即使有正确的劳动观念，在面对日新月异的劳动环境时，如果不具备一些与劳动相关的知识，也可能会陷入“心有余而力不足”的困境。

学习目标

目标维度	具体内容
知识目标	1. 了解劳动常识和劳动专业知识 2. 了解劳动工具的概念及演变 3. 了解劳动心理健康的影响因素
能力目标	1. 能认识和使用常见的劳动工具 2. 会进行自我心理状态调整，以饱满的情绪迎接工作
素养目标	1. 培养对劳动的兴趣，培养主动学习劳动知识的意识 2. 深入领会劳动的本质，能将理论知识内化于心、外化于行 3. 激发对知识的求知欲和创造力，培养创新精神

榜样引领

技能成就梦想

用王庆自己的话说，他是一个“输在起跑线上”的孩子。1992 年，王庆出生在石阡县一个偏远的农村家庭。16 岁中考之前，所经历的都是爸妈面朝黄土背朝天的劳作和生活。从小他就埋下了一颗种子——走出大山、活出更精彩的人生。

梦想不但支撑着艰难的人前行，更促使他们爆发出巨大的能量。自此，王庆的“人生齿轮开始飞速转动”，助推着他不断发出不一样的光亮。

因为缺乏对外界的了解，当时王庆心中的最高目标就是“到县城去读书”。中考失利后，他“欣然”进入了位于县城的石阡县中等职业学校。

“要走出大山，一定要学到一技之长。”初到职校的王庆暗暗下定决心，高标准要求自己。在不断学习的过程中，他发现凡是老师在课堂上演示过的汽车零件拆装，自己都能在最短的时间内正确完成，这让他十分惊喜，“感觉自己好像发现了点门道，找到了前进的方向。”

机会只会留给有准备的人。通过数年的学习和努力，2010 年 9 月，王庆通过校内考核，考入与石阡县中等职业学校联合办学的贵州交通技师学院。

进校第一天，学校荣誉墙上挂着的各种获奖图片给他留下深刻印象，这又一次激发了他对技能之路的向往。在得知学校将成立专门的技能大赛集训队后，王庆下决心一定要加入。他边学习边刻苦训练，最终通过层层考核正式加入了学校技能大赛集训队。在集训中，王庆发现自己对色彩非常敏感，于是决定选择汽车车身涂装（喷漆）方向。为尽快掌握喷涂方法和技巧，他每天坚持长达 16 小时的高强度练习，不断挑战训练极限。

功夫不负有心人。在 2011 年贵州省职业院校技能大赛暨全国职业院校技能大赛选拔赛上，王庆荣获车身喷涂比赛一等奖的第一名，并代表贵州省参加了 2011 年全国职业院校技能大赛（中职组）“丰田杯”汽车运用与维修技能大赛，获得了车身涂装（涂漆）比赛三等奖。

技能大赛中的优秀表现让王庆获得了许多学习和交流的机会。2012 年他被聘为贵州省职业院校技能大赛“龙神杯”交通运输类（中职组）汽车运用与维修技能比赛裁判员，同年 9 月被保送进入贵州交通职业技术学院汽车工程系，就读汽车运用与维修专业。在此期间，他始终坚持从事汽车喷漆方向，代表学院参加了第 42 届世界技能大赛贵州赛区选拔赛暨 2013 年贵州省职业技能大赛高职组“汽车喷涂”比赛，并获得第一名，顺利入选第 42 届世界技能大赛中国集训队，最终获得全国第三名。

3 年的大专生涯铸就了王庆坚韧不拔的性格，也锻造了他迎难而上的意志。2016 年，贵州交通技师学院招聘专职实训教师，王庆凭借过硬的技术，被贵州省人社厅批准破格录取为该校专职实训指导教师。

“做梦也没有想到我一个大专毕业生能够与硕士生、博士生一样享受人才引进待遇。”说起往事，王庆至今仍然很自豪。

进入贵州交通技师学院后，王庆更加刻苦学习，每天待在实训车间研究喷涂技术，不断精进。在他的指导下，贵州交通技师学院培养了一支技艺精湛、水平高超的汽车喷漆教师队伍，成员全部为汽车维修技师和高级技师。他指导老师参加教师技能大赛（职业能力大赛）获国家级奖项 5 个，多名青年教师获全国交通技术能手、贵州省技术能手和贵州省青年岗位能手称号；累计指导学生获得全国一等奖 1 个、二等奖 3 个、三等奖 3 个，省级一等奖 14 个、二等奖 5 个，学生张国军进入第 43、44 届世界技能大赛汽车喷漆项目中国集训队，分别获得全国第四名、第六名，学生敖江勇获 2021 年 10 月第一届全国职业技能大赛第六名，并顺利进入当年第 46 届世界技能大赛汽车喷漆项目中国集训队，被大赛组委会授予贵州省唯一的“西部技能之星”称号。

多年来，王庆获得多项荣誉。2014 年被交通运输部授予“全国交通技术能手”称号，第 45、46、47 届世界技能大赛汽车喷漆项目全国选拔赛裁判，世界技能大赛汽车喷漆项目贵州省训练团队主教练；全国职业院校技能大赛汽车喷涂项目贵州队主教练；第 46 届世界技能大赛汽车喷漆项目中国队技术教练。

2021 年，王庆获贵州省五一劳动奖章和贵州省劳模和工匠人才创新工作室领衔人荣誉，2022 年获全国五一劳动奖章和国家级王庆技能大师工作室领办人荣誉，2023 年获国务院政府特殊津贴专家称号……每当回忆起自己的成长经历，王庆总说：“是职校让我走出大山，是技能成就了我的梦想，是大赛点亮了我的人生。”

资料来源：龚志宇. 职校生获“全国五一劳动奖章” 王庆靠汽车喷漆活出精彩人生.（2024－11－27）[2025－06－19]. http://gz.people.com.cn/n2/2024/1127/c361324－41056555.html. 有改动.

劳动箴言

在生命所有的季节播种，喜悦存在于劳动的过程中。

——毕淑敏

任务一 劳动常识与基本劳动知识

我们在劳动时需要用到一些劳动常识与专业知识。越是复杂或困难的劳动，越需要我们具备丰富的劳动知识。一方面，具备一些劳动常识与专业知识是我们劳动的必备条件；另一方面，具备一些劳动常识与专业知识有助于我们更简单、更高效地劳动。

一、劳动常识

劳动常识是我们应当具备的劳动基础知识。在日常生活和工作中，我们即使面对的是简单的劳动任务，也需要一定的劳动常识。例如，打扫卫生时，我们需要知道扫帚、拖把的使用方法；煮饭时，我们需要知道基本的烹饪知识，以及电饭煲、抽油烟机的使用方法；开展多媒体教学时，我们需要知道常见的多媒体设备的使用方法，如投影仪和扫描仪的使用方法等；维修电器时，一般要断电作业等。

通常情况下，我们可以通过自我学习、借鉴他人的劳动方法和经验或者通过自己的劳动实践等途径来掌握劳动常识。

二、劳动专业知识

一些劳动不仅要求我们具备劳动常识，还要求我们具备相应的专业知识，否则我们很难胜任具体工作。例如，计算机维修员要知道计算机的各个组成部分；计算机编程人员要掌握编程的知识；广告设计人员不仅要掌握绘图软件的使用方法，还要对印刷知识有所了解；财务人员需要了解相关法律，需要利用财务软件将计算机知识和财务专业知识融合在一起；等等。

不同的劳动都有其对应的专业知识，我们一般可以通过学校的专业课程学习、各种渠道的培训（如岗前培训、专业培训）等途径来掌握劳动专业知识。

案例点评

知识助力梦想

阿亮是一个“理工男”，在读书期间就非常喜欢钻研软件开发，在学校小有名气，大学未毕业就有科技公司开出不菲的薪酬邀请阿亮加入他们的软件开发团队，但为了实现创业的梦想，阿亮放弃了优越的工作条件，计划和同学创办一家手机游戏开发公司。

在公司成立之初，阿亮为了使自己公司的产品在竞争激烈的市场中能够脱颖而出，决定设计一款在各个手机系统上都能使用的游戏产品。为此，阿亮一边不断学习新的软件开发知识，进行详细的市场调查，一边归纳总结以往的研发经验。经过他和公司员工的共同努力，最终公司上线了两款手机游戏，他们成功地将技术和创意融合在一起，开辟了一个新的市场。

资料来源：刘国胜，柳波，袁炯. 大学生劳动教育. 北京：人民邮电出版社，2021.

点评：阿亮能够实现创新，不仅在于充分的市场调查，还离不开知识的支撑。知识是劳动必不可少的条件，知识可以促进能力的发展和发挥。即使我们有较强的解决问题的能力，但如果没有掌握丰富的知识，在问题面前也可能一筹莫展。总之，劳动要求劳动者具备一定的劳动常识和专业知识。人文、艺术等基础知识，生物、物理、化学、数学等学科知识，各行各业的专业技术知识和经验，都是劳动的基础。

任务二　认识常见劳动工具

制造与使用劳动工具，是人和动物的本质区别。有了劳动工具，就意味着人对自然的改造，意味着生产的开始。因此，人类的文明史与制造和使用劳动工具的历史同步发展、一脉相承。人的聪明才智和劳动能力是在制造与使用劳动工具、熟悉劳动的过程中形成的。

一、劳动工具概述

劳动工具即生产工具，是人们在生产过程中用来直接对劳动对象进行加工的物件。它在劳动者和劳动对象之间起传导劳动的作用，是劳动资料的基本和主要部分，是机械性的劳动资料。从原始社会的石斧、弓箭，到现代社会中各种各样的工具、机器、智能设备等，都起着传导劳动的作用，均属于生产工具和劳动资料。

人类劳动是从制造工具开始的，劳动工具的出现是必然的，是人类发展过程中必然的进步。制造和使用劳动工具是人区别于其他动物的标志，是人类劳动过程独有的特征。劳动工具在生产资料中起主导作用。社会生产的变化和发展，首先是从生产力的变化和发展，尤其是从劳动工具的变化和发展开始的。劳动工具不仅是社会控制自然的尺度，也是生产关系的指示器。马克思曾说："手工磨产生的是封建主为首的社会，蒸汽磨产生的是工业资本家为首的社会。"[①]

二、劳动工具的演变

人类社会的发展由劳动工具的演变所主导。在人类历史上，劳动工具的每一次变革，都带来了划时代的生产方式的变革，并随之带动社会形态的变革。从原始社会到现代社会的演变过程，清晰地反映出劳动工具与社会发展的相互关系。

早期的劳动工具（石木工具、金属工具）是劳动者依靠自身体力，用手操纵的；后来诞生机器（包括工具机、动力机和传动装置 3 个部分），形成了复杂的机器体系；现代的自动化机器体系又增加了以电子计算机为核心的自控装置。劳动工具日益复杂化、智能化，是推动社会生产力发展的重要因素。劳动工具的内容和形式随着经济与科学技术的发展而不断变化。

知识链接

劳动工具的变革

在石器时代，石头是劳动工具的主角，它不仅是主要的农耕工具，还可以作为饰品。这个时期的劳动工具除了石器，还有木器、骨器、角器以及用贝壳制作的工具等。事实证明，后来人们所使用的农具、手工业工具和辅助工具，其基本形态都是由石器演变而来的。

青铜器时代，铜器或青铜器在农耕中大展风采，这个时期木质工具的结构也变得复杂，功能也增加了，人们学会了用木质纺织工具结合麻等原料制作衣物。

封建社会，金属冶炼技术不断提高，铁器得到广泛使用，成为人们主要的农耕工具。同时，木质工具的结构更加复杂，功能更加丰富。

工业时代，机器生产逐渐取代手工劳动，人们的双手逐渐得到解放，机器的创造和使用使人类的劳动效率较之前有了极大提高，人类社会进入加速发展时期，"日出而作，日落而息"的劳作方式发生了翻天覆地的改变。

现代社会，生活越来越智能化，随着智能技术的开发和应用，智能机器时代正向我们走来，当其真正来临的时候，人类将从商品生产的劳动中彻底脱离出来。

资料来源：刘国胜，柳波，袁炯. 大学生劳动教育. 北京：人民邮电出版社，2021.

① 马克思，恩格斯. 马克思恩格斯全集：第 4 卷. 北京：人民出版社，1958：144.

三、常见的劳动工具

如今我们能够熟练操作手机和计算机等电子产品，却对一些其他的劳动工具知之甚少。然而，生活和生产劳动需要用到许多劳动工具，尽管一些劳动工具很常见，但如果我们不清楚它们的使用方法，就不能在劳动过程中高效地完成生产或生活任务，还可能因为错误操作导致危险发生。因此，我们有必要了解一些常见的劳动工具及其基本使用方法。

（一）电工类常见工具

在日常劳动中，我们经常会使用一些基础的电工工具，如表 3－1 所示。

表 3－1　电工类常见工具

名称	简介	图示
试电笔（测电笔）	试电笔用于检查导线和电器设备是否带电，笔体中有氖泡，测试时如果氖泡发光，则说明检查对象带电。需要注意的是，测试时一定要用手触及试电笔末端的金属部分，否则，因带电体、试电笔、人体与大地没有形成回路，试电笔中的氖泡不会发光，会造成误判，让我们误认为带电体不带电	
螺丝刀（改锥）	常见的有一字螺丝刀和十字螺丝刀（或称梅花螺丝刀），主要用于拧螺丝，其操作利用了轮轴的工作原理，轮越大时越省力，所以使用粗把的螺丝刀比使用细把的螺丝刀更省力	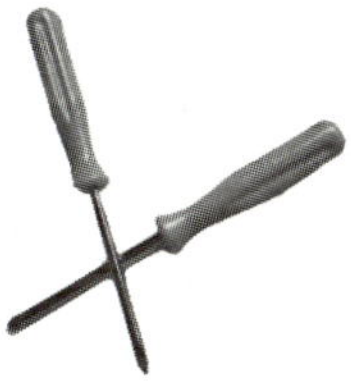
电工刀	电工刀是电工常用的切削工具，主要用来剖切导线、电缆的绝缘层。电工刀是可折叠的，使用完后应将刀刃折回刀柄	
尖嘴钳	尖嘴钳是一种常用的钳形工具，主要用来剪切线径较细的单股与多股线，以及给单股导线接头弯圈、剥塑料绝缘层等，其优点是能够在较狭小的工作空间中操作	

续表

名称	简介	图示
老虎钳（钢丝钳）	老虎钳是一种夹钳和剪切工具，属于省力杠杆，多用于起钉子或夹断钉子和铁丝等	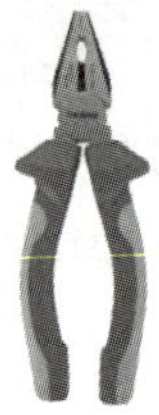
扳手	扳手是一种常用的安装与拆卸工具，用于拧转螺栓、螺钉、螺母等。我们在使用扳手时，可通过大拇指拨动螺纹调节器，调整扳手的开口大小，以适合待拧转对象的大小	

（二）木工类常见工具

一些使用率较高的木工工具如表 3－2 所示。

表 3－2　木工类常见工具

名称	简介	图示
羊角锤	羊角锤既可用于敲击、锤打，又可用于起拔钉子。捶打钉子时，锤头应平击钉帽，使钉子垂直进入木料；起拔钉子时，宜在羊角处垫上木块，增强起拔力。捶打时应注意锤击面的平整完好，以防钉子飞出或羊角锤滑脱伤人	
手工锯	手工锯是一种把木料或其他需要加工的物品锯断或锯割开的工具，使用时用手握住手柄，在木料上来回推拉	
电钻	电钻有手电钻、冲击钻、锤钻等类型，手电钻的功率最小，仅限于钻木用；冲击钻能在砖、砌块、混凝土等脆性材料上钻孔；锤钻则可在多种硬质材料上钻孔，使用范围最广。我们在使用电钻时，应先准备好大小合适的钻头，并转动电钻下方齿轮的转环，然后松开电钻的夹头，增加夹柱之间的缝隙后放入钻头，旋紧钻头上面的小孔后，插上电源，接着按下电钻把手上的电源开关即可钻孔。钻孔时，压得越重，电钻转速就会越快	

续表

名称	简介	图示
卷尺	卷尺是一种度量工具。木工常用的是钢卷尺，使用时需先将卷尺拉出，然后按下制动按钮，测量完毕后释放制动按钮，小心且缓慢地将卷尺收缩起来	
斧头	斧头是一种砍削工具，主要用于伐木和切削木材。当需要砍伐时，应双手握住手柄大力操作；当需要切削时，可单手握住手柄精细操作	
砂纸	砂纸是一种打磨用工具，用于打磨金属、木材等表面，使其光洁平滑。砂纸有干磨砂纸和耐水砂纸两种。干磨砂纸（木砂纸）用于打磨木器、竹器的表面；耐水砂纸（水砂纸）用于在水中或油中打磨金属或非金属工件的表面。我们在使用砂纸时，用有砂砾的一面接触对象，来回打磨即可	
锉刀	锉刀是用于锉削木料、金属、皮革等对象表层，使其光滑平整的小型加工工具，有平锉、半圆锉、方锉、三角锉、圆锉等类型。我们在使用锉刀时，应一手握着刀柄，一手按压锉刀前端，来回进行推拉	

（三）常见农具

我们应该学会使用一些常见的农具来提高劳动效率。表 3－3 对一些常见的农具进行了简单介绍。

表 3－3　常见农具

名称	简介	图示
扁担	扁担是一种扁圆长条形的、用于放在肩上挑东西或抬东西的用具。常见的扁担有木制的和竹制的。使用扁担时，扁担两头尽量保持一样的重量，放长绳子，降低重心，以减轻肩膀的压力。用扁担挑水时，应尽量走小碎步，这样可以避免桶内的水洒出来	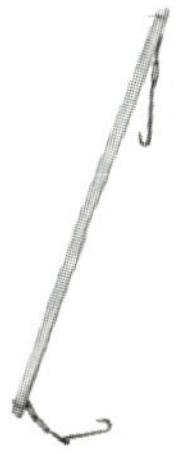

续表

名称	简介	图示
镰刀	镰刀是用于收割庄稼和割草的农具，由刀片和木把构成。使用时一手握着庄稼或草，一手用镰刀来回推拉。注意，使用镰刀时不要误伤自己，新手特别容易割伤自己的脚和腿	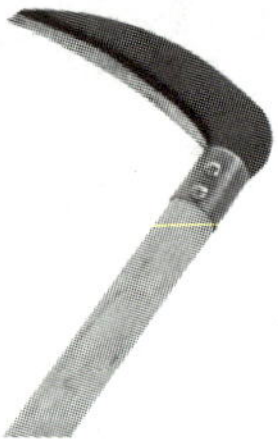
铁锹	铁锹是一种用于耕地、铲土的常见农具，其长柄以木制为多，头部有尖头、方头等多种类型。使用铁锹时可以借助脚力，用脚使劲将铁锹踩入泥土中，这样有助于提高劳动效率	
锄头	锄头是一种非常常见的农具，可用于挖穴、耕垦、盖土、除草、碎土、中耕、培土等各种作业，使用时以两手握柄，举起锄头，从上往下做回转冲击运动	
石磨	石磨是一种把米、麦、豆等粮食加工成粉、浆的工具。推动石磨不能太快也不能太慢，应根据粮食的种类选择合适的速度匀速推动	
杆秤	杆秤是一种利用杠杆原理称质量的简易工具，一般由木制的带有秤星的秤杆、金属秤锤、秤盘、提绳等组成。我们在使用杆秤时，应先挂上秤锤，再在秤盘上装上物品，然后提起提纽，推动秤绳，使秤保持平衡后即可读出物品的质量	

课堂互动

使用劳动工具自我测评

仔细阅读表 3-4 中的问题，回答“是”或“否”，然后简要说明理由。

表 3-4　使用劳动工具自我测评

1. 你是否了解劳动工具的概念？ 回答：
2. 你是否了解创造和使用劳动工具对社会发展的意义？ 回答：
3. 你是否有使用劳动工具做家务的经验？ 回答：
4. 你是否有使用生产劳动工具的经验？ 回答：
5. 你是否有使用劳动工具做家务的诀窍？ 回答：
6. 你是否有使用生产劳动工具的诀窍？ 回答：

上述问题中，回答“是”越多，越能说明你对劳动工具有较深入的认识，并积极通过劳动实践掌握一些劳动工具的具体使用方法。

任务三　了解劳动心理健康

心理健康是影响劳动者劳动成效的重要因素之一。如果我们具备一定的劳动心理健康知识，能够进行自我调节，那么劳动就会更加顺利，劳动价值观和劳动精神也会更加根深蒂固。

一、精神压力

精神压力是由心理压力源和心理压力反应共同构成的一种认知和行为体验过程。通俗地讲，精神压力就是一个人觉得自己无法应对环境要求时产生的负面感受和消极信念。

精神压力是影响人们身心健康的重要因素，虽然它有时可以转化为动力，但也是影响工作绩效和职业健康的消极因素。劳动者在劳动过程中产生精神压力的原因多种多样，如负担重、责任大、时间紧等。产生精神压力后，劳动者如果可以自我调节，则精神压力会转变为动力，促进劳动效率提高；如果无法自我调节，则精神压力就可能影响劳动者的劳动态度，造成回避工作、生产能力降低等不好的结果，甚至造成心理疾病。因此，我们在劳动的过程中需要合理地应对精神压力。

当我们在劳动中产生精神压力时，可以通过保证充足睡眠、合理饮食、适当放松身心、营造良好的劳动环境和宣泄不良情绪等方式，进行自我调节。当然，应对精神压力，关键还在于树立正确的劳动观念、培养劳动精神。当我们养成辛勤劳动的习惯，能够践行爱岗敬业、无私奉献等劳动精神时，工作任务重不会对我们造成心理负担，只会让我们加倍努力。

案例点评

“中国机长”刘传健

2018 年 5 月 14 日，四川航空 3U8633 航班在 9 800 米的高空，驾驶舱右侧的挡风玻璃突然爆裂脱落，紧接着飞行仪表开始失灵，飞机开始剧烈抖动，一场空难眼看就要发生了。机长刘传健在这生死关头，面对每小时 800 千米的强气流和零下 40 摄氏度的极端低温环境，迅速恢复理智，凭借长期磨炼出的专业技术和超强的心理素质，在十几秒的时间内准确无误地完成了 36 个完整动作，在长达半个多小时的时间内，强忍着低温、缺氧、强风，全程手动操纵飞机飞越高原高山地形，最后平安着陆，拯救了飞机上所有旅客和机组人员的性命，创造了航空史上的奇迹。

资料来源：半岛都市报. 万米高空玻璃突破碎！川航客机“史诗级”迫降.（2018－05－15）[2025－06－19]. http://news.bandao.cn/news_html/201805/20180515/news_20180515_2829870.shtml. 有改动.

点评：发生事故时，刘传健面对的精神压力之大难以想象，一个微小的疏忽，就会导致一场空难的发生，100 多个鲜活的生命就将永远消失，这样的后果不敢设想。但是，正是由于他心理素质和专业素质过硬，才保证了他在事故发生后的每一步操作都准确无误，最终避免了一场灾难，挽救了大家的生命。

二、身心疲劳

疲劳是我们在从事劳动的过程中产生的正常生理反应。当人体出现疲劳感时，我们可以通过适当休息来缓解疲劳。例如，从事写作的劳动者出现视觉疲劳时，可通过适当休息来保护眼睛；建筑工人出现疲劳时，可通过适当休息来恢复身体，缓解疲劳。然而，相对于身体疲劳，心理疲劳对劳动者造成的影响更大。出现心理疲劳时，劳动者对劳动的主动性会降低，在这种情况下，劳动者如果进一步出现身心俱疲、能量耗尽的感觉，就可能产生职业倦怠。应对心理疲劳，一方面我们需要有良好的劳动价值观作为职业引导；另一方面我们需要设定合理的劳动节奏，保证休息时间，并学会放松，这样才能以充沛的精力投入劳动中，创造更多的价值。

三、职业倦怠

职业倦怠是由长期过度的压力导致情绪、精神和身体极度疲惫的状态，它不是疾病，却会影响身心健康。职业倦怠主要有 3 个特征：一是感觉精力不足或耗尽；二是对工作丧失热情，情绪烦躁、易怒，对周围的人、事物漠不关心；三是工作效率下降，觉得自己不能胜任工作，对前途感到无望等。

研究表明，从事业务频繁、压力大的工作容易使人职业倦怠，如流水线作业、广告媒体工作等。缓解职业倦怠的状态有 3 种方法：一是认清自我价值，掌握自己的优势与不足，不给自己施加过大的压力；二是工作之余培养自己的兴趣爱好；三是工作劳逸结合，懂得享受工作的乐趣和细微处的美好等。

实践活动

劳动体验——农耕劳动实践

为丰富学生的课余生活，拓展学生的视野，使学生了解农耕文化，认识并掌握常见农具的使用方法，感受劳动实践的重要性，树立劳动光荣的思想，培养分工合作的劳动能力，班级决定组织全班同学进行一次农耕劳动。

一、活动名称

农耕劳动实践。

二、活动主旨与意义

本次劳动实践活动以提高学生劳动知识与能力素养为主要目的，同时希望通过这次劳动实践，让学生明白团队合作在劳动中的积极作用。

三、活动内容

以小组为单位开展劳动实践活动，学习与本次农耕劳动相关的知识，如除草的步骤、注意事项、安全事项等，以及学习常见劳动工具的基础知识和使用方法。各组应重点掌握所用农具的使用方法。具体安排如下：

（1）以 10 ～ 12 人为一组，各组选出组长 1 人、副组长 2 人，组长与副组长全权负责各组的劳动实践活动。

（2）各组分别选择 1 ～ 2 项与农耕劳作相关的任务，包括除草、翻土、栽种树苗、施肥、插秧等（视季节不同确定相应的农耕劳动）。

（3）各组选择并熟练掌握农具的使用方法。

（4）各组在劳动前，组织全组人员开会讨论分工问题，并具体落实到劳动中，在规定时间内以团队合作的形式完成相应任务。

四、活动要求

（1）安全第一，在确保绝对安全的情况下使用农具。

（2）组长与副组长需要确保组员能够按照要求顺利完成本次劳动实践活动。

（3）活动期间应全身心投入农作中，将手机、手表、首饰等物品统一存放。

（4）组员不可单独行动，应完全按照本组的劳动要求完成自己的任务。

五、活动评价

完成任务后，每位同学根据自己所认识和使用的劳动工具，客观评价自己掌握劳动工具的情况，并根据这一实际情况，提出对于正确使用这些劳动工具及提高劳动效率的改善意见，填入表 3－5 中。

表 3－5　活动评价

小组成员：		
劳动内容：		
劳动工具	掌握情况	改善意见

项目四 掌握劳动技能

项目概述

劳动者除了应具备知识基础，还需要掌握相应的技能或者技巧，后者通常需要经过练习甚至专门培训才能形成，这对于普通劳动和专业劳动来说都不例外。比如洗衣服、叠被子的自我服务，扫地、倒垃圾和收拾房间的普通家务以及技术岗位的专业劳动，拥有劳动技能，能更高效地完成这些劳动任务，提高劳动质量。如果说劳动品德涵养依赖理智清醒的思考，劳动情怀培育重在透射心灵的感悟，劳动技能习得则主要靠持之以恒的学习和训练。

学习目标

目标维度	具体内容
知识目标	1. 了解劳动技能的内涵与分类 2. 了解日常生活劳动、职场生产劳动、义务劳动的内容及相关知识
能力目标	1. 能够掌握日常生活劳动技能 2. 能主动帮助家人进行日常家务劳动 3. 能胜任所学专业的职场生产劳动
素养目标	1. 树立劳动创造美的观念，并积极参与义务劳动 2. 感受劳动过程的美好，形成正确的劳动价值观

榜样引领

屠呦呦：首获科学类诺贝尔奖的中国人！

2015 年 10 月 5 日，瑞典卡罗琳医学院宣布将诺贝尔生理学或医学奖授予屠呦呦以及另外两名科学家，以表彰他们在寄生虫疾病治疗研究方面取得的成就。这是中国医学界迄今为止获得的最高奖项，也是中医药成果获得的最高奖项，85 岁的屠呦呦也成为首位获得科学类诺贝尔奖的中国人。

20 世纪 60 年代，人类还在饱受疟疾之害。1969 年，在中医研究院中药研究所，研究实习员屠呦呦接受了国家疟疾防治项目“523”办公室艰巨的抗疟研究任务，从此与中药抗疟结下了不解之缘。作为该项目中药抗疟组组长，屠呦呦没有向当时陈旧的科研设备低头，也没有因为周围的质疑声而止步不前，她坚定地说：“没有行不行，只有肯不肯坚持。”

通过整理中医药典籍、走访著名老中医，她汇集了640余种治疗疟疾的中药单秘验方，并从中不断寻找新的灵感。通过改用低沸点溶剂的提取方法，富集了青蒿的抗疟组分，屠呦呦团队最终于1972年发现了青蒿素。据世界卫生组织不完全统计，在过去的20年里，青蒿素作为一线抗疟药物，在全世界已挽救数百万人生命，每年治疗患者数亿人。

每当谈起青蒿素的研究成果，屠呦呦总是会说：“研究成功是当年团队集体攻关的结果。”而鲜为人知的是，起步时的屠呦呦团队只有屠呦呦和两名从事化学工作的科研人员，后来才逐步成为化学、药理、生药和制剂的多学科团队。目前，屠呦呦团队共30多人，这些研究人员并不局限于化学领域，而拓展到药理、生物医药研究等多个学科，形成多学科协作的研究模式。屠呦呦介绍，未来青蒿素的抗疟机理将是她和科研团队的攻关重点。

世界卫生组织发布的《2018年世界疟疾报告》显示，全球疟疾防治进展陷入停滞。多项研究表明，在大湄公河次区域等地区，出现不同程度的对青蒿素联合疗法的抗药现象。2019年4月25日，第十二个世界疟疾日，中国中医科学院青蒿素研究中心和中药研究所的科学家们在国际权威期刊《新英格兰医学杂志》(NEJM）上提出了“青蒿素抗药性”的合理应对方案。

屠呦呦团队提出，面对“青蒿素抗药性”现象，延长用药时间，疟疾患者还是能够被治愈。除此之外，现有的“青蒿素抗药性”现象在不少情况下其实是青蒿素联合疗法中的辅助药物发生了抗药性。针对这种情况，更换联合疗法中的辅助药物，就会取得更好的效果。

青蒿素价格低廉，每个疗程仅需几美元，适用于疫区集中的非洲广大贫困地区人群，研发廉价青蒿素联合疗法对实现全球消灭疟疾的目标意义非凡。“中国医药学是一个伟大宝库，青蒿素正是从这一宝库中发掘出来的。未来我们要把青蒿素研发做透，把论文变成药，让药治得了病，让青蒿素更好地造福人类。”屠呦呦说。

资料来源：侠克. 屠呦呦：与青蒿结缘 用中医药造福世界.（2019－09－11）［2025－06－18］. http://www.81.cn/2019zt/2019－09/24/content_9633966.htm.

劳动箴言

像牛一样劳动，像土地一样奉献。

——路遥

任务一 认识劳动技能

一、劳动技能的内涵

劳动技能是指在生产过程中，岗位对劳动者素质方面的要求，主要反映岗位对劳动者的技能要求。劳动技能是在日常的劳动中形成，在劳动实践中不断精进的。了解劳动技能的内涵可以帮助学生有意识地培养劳动技能，清晰地认识所学专业和职业所需的劳动技能，并在劳动实践中不断训练和提高自己的劳动技能。

学生应通过专业课学习、实习实训、创新创业教育、专业实习、毕业实习等课程加强劳动技能学习，用系统的科学知识为提升劳动素养奠定坚实的基础。

案例点评

“新时代齐鲁最美青年”王明辉

王明辉中学毕业后，选择来到山东工业技师学院自动化控制专业学习。他说，自动化控制是增强我国现代科技能力的基础和必备技术，他想掌握精湛先进的技术技能，为国增光添彩，以一技之长为建设制造强国做出自己的贡献。入校以后，他时刻以严格的标准要求自己，从零基础开始，凭着一股韧劲儿，在学院教师的指导下“冬练三九、夏练三伏”，遇到问题时，他紧盯不放、沉浸其中，时常因一个难题而废寝忘食地研究，通宵达旦地请教学习，直至问题解决。在 2017 年工业控制项目校内选拔赛中，王明辉获得省赛第一名，成为代表山东省参加全国选拔赛的唯一一名选手。他每天早上 6 点起床，6 点半晨练，7 点半就到训练基地开始英语学习，中午与下午最多花 1 小时用餐和休息，到晚上 11 点才结束一天的常规训练，之后还要用半小时的时间总结一天的问题与知识点，规划第二天的训练，节假日也如此。长期高强度的设备安装训练使他的食指和大拇指指纹都快被磨平了，但他以苦为乐。

只有经历过，才会懂得其中的辛苦，才能拥有宝贵的阅历，才会理解收获的喜悦，才会感受到奋斗的快乐。一路走来，在经历数次技能大赛后，王明辉说，他仍对每一次训练保持认真的态度，把每一次训练、比赛都当作在制作一件要献给大家欣赏的艺术品，把自己对一丝不苟、精益求精的追求融入其中、永不止步。

资料来源：潍坊文明网. “新时代齐鲁最美青年”王明辉：用工匠精神书写青春华章.（2018－05－04）[2025－06－19]. http://wf.wenming.cn/wcnr/201805/t20180504_5131895.htm. 有改动.

点评：王明辉作为一名职业技师院校毕业的学生，认准专业方向，苦练专业技能，不断积极地进行劳动实践，能吃苦、有耐心、肯付出，因而一次又一次体会了劳动带来的喜悦与甘甜。王明辉在教师的指导下，通过不断锤炼劳动技能，随着时间的积累和自己的努力，凭着过硬的职业技能从一名学生成长为“新时代齐鲁最美青年”。

二、劳动技能的分类

劳动技能是一种劳动能力，它包括很多方面。对中职生而言，劳动技能主要包括自我服务劳动技能、家务劳动技能、公益劳动技能和简单的生产劳动技能四大类。

（一）自我服务劳动技能

自我服务劳动技能是人人必须具备的技能。自我服务劳动技能包括洗手、洗脸、刷牙、洗脚、剪指甲、洗头、梳头、洗澡、洗袜子、穿脱衣服、系鞋带、铺床、叠被、洗小件衣物、洗碗筷、洗茶杯、钉纽扣、缝补衣物、晒被褥、叠放衣服、整理学习用品等。这类劳动项目重在培养学生自己动手的良好习惯，从而认识到劳动光荣，为从事其他各类劳动打下基础。

（二）家务劳动技能

家务劳动与自我服务劳动在不少项目上是交叉的。在家庭中，每个人既要为自己服务，又要为这个小集体服务，因此，家务劳动也包含着自我服务的因素。反过来讲，每个人做好自我服务劳动，家务劳动也就基本完成了，二者相辅相成。家务劳动是扩大范围的自我服务劳动，如整理房间、洗刷餐具、买菜、洗菜、择菜、淘米、做简单的饭菜等。

使用和维护家用电器也是每个人应具备的技能，如电风扇、电视机、电熨斗、洗衣机、电冰箱、空调等的使用和维护。因此，学生应当掌握一些家用电器的使用和维护常识。

参与家务劳动能够使学生适应家庭生活的需要，有利于培养学生独立生活的能力，为以后从事更复杂的社会劳动打下基础。

（三）公益劳动技能

公益劳动是直接服务于社会公益事业的无偿劳动，是对学生进行共产主义教育的有力手段。公益劳动与自我服务劳动、家务劳动、生产劳动等是相互交叉的。学生公益劳动包括擦黑板、扫地、擦玻璃、擦桌椅、开关门窗、绿化校园、美化环境、到车站等公共场所服务、管理街道和学校栽植的树木花草、参加校办工厂及农场劳动等。公益劳动重在向中职生进行集体主义和共产主义教育，通过这类劳动，培养中职生热爱人民、热爱集体、爱护公物、助人为乐等优良品质。公益劳动具有其他劳动无法取代的特殊意义。

（四）简单的生产劳动技能

简单的生产劳动技能主要包括对部分生产工具的认识、使用和掌握工艺制作方面的知识，了解和掌握农业种植和饲养及最基本的工业生产方面的知识。

工业方面的项目，包括认识常用的木工、金工、电工工具，懂得这些工具的用途和维护方法，会使用这些工具维修课桌椅、修理和制作工艺品及简易的教具等。

农业生产劳动技能的培养，可以通过组织学生走出课堂、走向田间地头、走向农场等，广泛开展实践体验活动，让学生掌握基本的劳动知识和技能，正确使用常见劳动工具，熟练掌握农业种植、饲养技巧，增强体力、增长智力、培养创造力，从而使学生具备完成一定劳动任务所需要的设计能力、操作能力及团队合作能力。

任务二　日常生活劳动

衣、食、住、行是每个人生活的基本需求，人们在满足这些需求时，要付出相应的劳动。而要想把生活的各个方面都安排得井井有条，人们还需要养成日常的劳动习惯。中职生的日常劳动主要有自我服务、家务劳动、军政训练、校园环保等。

一、自我服务

自我服务劳动是一个人生存、生活必须具备的基本技能，指照料自己生活的各种劳动，如整理床铺、规整衣物、打扫房间、洗涤和缝补衣袜、洗碗筷、擦桌椅、班级值日等。

当代中职生大多数从小就生活在物质充盈的环境，接受良好的教育，吸收丰富的知识，整体素质较高。但是，对待劳动，部分中职生的态度不够积极。有人说："我们是学生，主要任务是学习。"有人说："现在科技这么发达，各种先进的机器和人工智能可以完成的劳动，没必要自己动手完成。"也有人说："可以雇人来帮忙做，自己还有重要的事情要处理。"长此以往，我们就可能成为"四体不勤、五谷不分"的人。鲁迅曾说："伟大的成绩和辛勤劳动是成正比例的，有一分劳动就有一分收获，日积月累，从少到多，奇迹就可以创造出来。"自我服务劳动可能并不起眼，但就是这些生活中点点滴滴的自我服务劳动，不仅有利于改善我们的生活与学习环境，培养我们独立生活的能力和动手实践能力，还可以改变我们的不良习惯和生活作风，使我们成为真正热爱劳动的劳动者。

（一）房间整理原则

房间整理总原则：桌面物品尽量少、地上垃圾勤清扫、收纳空间随手到、起床叠被习惯好。

1. 桌面物品尽量少

收拾房间最重要的原则就是尽量减少在外的物品，给足留白的空间，才会显得家中整齐。

2. 地上垃圾勤清扫

房间整洁，地面也是重点区域。要说地面干净，肯定离不开两点，第一是勤打扫，第二是要保持。

3. 收纳空间随手到

家中长时间使用的地方最好 1.5m 内就有收纳的空间。如床头柜最好收纳床边经常使用的物品，而不是放置衣物。书桌的抽屉应尽量存放笔、纸、本等用具。

4. 起床叠被习惯好

床上的卫生和整洁也是家居整理非常重要的一环。床上用品要勤洗勤换，定时晒太阳。床上的物品要尽量少，物品摆放占用的空间也要尽量少，所以被子整齐叠放就非常重要了。

（二）叠衣服的方法

1. 方块法

这种叠衣服的方法是最传统的一种方法，刚买来没有拆包装的衣服一般都是这种叠法。整个衣服被叠成一个大方块（见图 4－1），然后我们可以把大小相近的衣服平着摞起来放入衣柜。

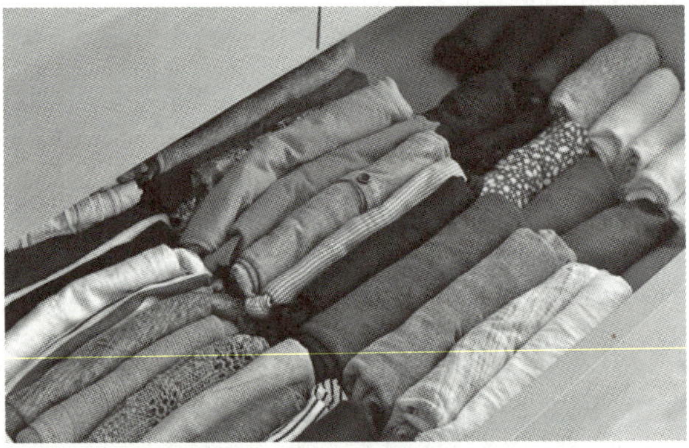

图 4－1　方块法叠衣服

这种叠法适合居家整理衣物，它的好处是衣服整齐，大小一致，放在衣柜里一目了然，找衣服方便。但是它的缺点也不少：一是叠衣服的方法比较难掌握；二是在找到衣服往外拿的时候，容易散，而且容易把衣服翻乱，几天就得收拾一回衣柜；三是衣服多次被对折，而且大量衣服叠放，会压出很多折痕和褶皱，每次拿出衣服后还要对衣服进行熨烫。

2. 卷叠法

这是近几年开始流行的一种叠法，就是在叠衣服的时候，先把衣服整理成长方形，然后从衣服的一头向另一头卷起，将衣服卷成一个直筒（见图 4－2）。采用这种叠法叠完衣服后可以将衣服放在衣柜抽屉里，也适合出门旅行的时候放在行李箱里。

图 4－2　卷叠法叠衣服

与方块法相比，卷叠法有以下好处：一是卷叠法好操作，男女老少都容易上手；二是不占空间，出去旅游的时候把衣服用卷叠法叠好就不会占据行李箱太大空间，能比别的叠法装更多东西；三是衣服不会变皱，因为衣服卷着，没有被对折，所以衣服不会出现折痕。当然卷叠法也有缺点：一是叠好的衣服因为是圆筒状，所以单独放置的时候容易滚动、散开；二是衣服被卷叠后体积很小，有的时候同色、不同款式的衣服很难区分，找衣服的时候会相对麻烦一点。

3. 口袋法

这种叠法是在叠衣服的时候利用衣服自身的开口，制造出“塞进口袋”的整体效果，从而起到加固作用，衣服完全不会散架。口袋法叠衣服是卷叠法和方块法的改进版，也就是先把衣服叠成方块然后再装进“口袋”，也可以把衣服卷起之后再装进“口袋”。所以它既可以兼顾两种叠法的优势，又可以克服两种叠法的缺点。

口袋法叠衣服的好处是衣服叠好以后既可以平放进衣柜或行李箱，也可以竖放进抽屉或行李箱，而且因为衣服其余部分被装进了“口袋”，所以在翻动的时候衣服不易被弄散，使衣柜或行李箱更整齐，减少了收拾衣柜的频率。

课堂互动

每位同学制作自我服务达标卡，如表 4－1 所示，对自己的自我服务劳动做出客观评价。自我服务劳动的内容包括整理床铺、洗衣物、打扫宿舍卫生、清洁课桌、规整书籍等。评价标准：“会做，且坚持常做”为“优”；“会做，偶尔做”为“良”；“不太会做，在学习”为“中”；“不会做，又不愿学”为“差”。根据实际情况在评价栏的相应位置画“√”，如发现自己有做得不好的地方，可写出改善意见，按照更高的标准要求自己，一步一步做出改变，从而养成良好的习惯。

表 4－1　自我服务达标卡

自我服务劳动项目	评价				改善意见
	优	良	中	差	

二、家务劳动

家务劳动实质上是范围扩大的自我服务劳动，家务劳动与自我服务劳动相辅相成。家务劳动是中职生最容易接触的，但部分中职生不仅没有家务劳动的习惯，有的甚至还对这种劳动嗤之以鼻。实际上，无论从锻炼自身的角度来看，还是从孝敬父母的角度来看，家务劳动都是中职生家庭责任的一部分，中职生应该主动培养从事家务劳动的习惯，积极参与家务劳动。

我们应该改变“重脑轻体”的观念，不能拿学习作为不劳动的借口。合理的家务劳动不仅能锻炼身体，还有助于提高学习效率。作为家庭的一分子，我们有义务帮助父母减轻生活负担，而家务劳动就是直接且有效的方法。例如帮父母洗衣、做饭、打扫房间等。

心理上做好了家务劳动的准备后，我们可以安排一个劳动计划，在计划的督促下，按时完成相应的劳动任务，久而久之，就能够建立起良好的家务劳动习惯。

（一）家务劳动的种类及技能要求

1. 物品收纳

（1）防尘。收纳衣物时，应将它们装进密封的收纳箱中，以免受尘埃的污染。

（2）通风。杂物容易发生虫蛀、发霉现象，因此可以把储物门设计成百叶格状，以保持空气通透。

（3）分类清晰。在整理物品时，可将物品按照使用频率进行分类。将平时经常用的物品放在随手可取之处，将不常用的东西放在深处。

（4）注意收纳空间的充分利用。例如，使用收纳箱收纳物品时，除了考虑收纳、取用方便外，还可以按照颜色、大小、形状、材料等因素进行摆放，呈现出一种美感。

2. 衣物清洁

（1）勤洗勤换。衣物应勤洗勤换，保持整洁。

（2）温水浸泡。脏衣物若直接浸泡在洗涤剂中会降低洗涤剂的作用，也不易洗净。应先用40℃左右的温水浸泡，让衣物充分浸透，浸泡时间不宜超过15分钟。

（3）突出重点。衣物的袖口、领口、肘关节处、裤脚、臀部、袋口、膝部等特别容易脏的地方，应多加些洗涤剂重点揉搓。

（4）掌握水量、水温。用温水溶解的洗涤剂的去污力比用凉水溶解的洗涤剂的去污力要强，但水温应不超过40℃。洗涤剂与水的比例应适当。

（5）区别颜色与质地。不同颜色、不同质地的衣物要分开洗涤，避免交叉染色和相互磨损。

（6）内衣和外衣应该分开洗涤。首先，内衣在洗涤时会掉落许多毛屑，若和外衣一起洗，毛屑就会粘在外衣上，不易刷掉。其次，内衣是贴身穿着，对清洁度要求较高，外衣穿在外面，一般比较脏，很可能带有细菌、病菌，若与内衣混在一起洗涤，容易污染内衣，不卫生。另外，内衣多带有汗液，汗液中的蛋白质一般不溶于水，若和外衣混合洗涤，水中的蛋白质会使外衣变黄。

（7）大人的衣物和孩子的衣物应分开洗涤。

（8）患者的衣物往往带有病菌，尤其是传染病患者的衣物，必须与健康者的衣物分开洗涤。

3. 家常菜烹饪

烹饪方法有几十种（见图 4－3），最常见的有以下 7 种。

（1）炒。

炒菜是经典的中式烹饪方法。“炒”的特点是操作方便，制作的菜肴美味可口。

炊具：炒锅、炒锅铲。

食材：肉类、海鲜、蔬菜、豆腐。

步骤：①在加热炒锅之前，应准备好所有配料。

②当炒锅很热时，加入少量的油。

③将肉或海鲜快速搅拌使之加热均匀。

④肉或海鲜半熟时，将其从炒锅中盛出。如有必要，在锅中加入更多的油，然后加入蔬菜或豆腐并快速搅拌。

⑤在烹饪过程中加入之前炒至半熟的肉类或海鲜，必要时加调味料，翻炒至菜肴成熟。

图 4－3 各种烹饪方法

（2）炸。

炸用于制作酥脆的食物。

炊具：深锅或深油炸锅、长筷子。

食材：肉类、蔬菜类、豆制品、菌类。

步骤：①油炸食物时，锅里放少许食盐，油不会外溅。

②当油温升至 70℃～ 80℃时，将食材放入锅中。

③想外脆里嫩，先用低温油炸成熟，再用高温油炸到外皮酥脆。

④食材炸至成熟后用长筷子夹出，放置于过滤器具上，滤掉多余的油后即可享用。

（3）蒸。

蒸是使用蒸汽烹饪的一种方法，被认为是健康的烹饪技术。蒸汽可以使菜肴味道更清新可口，可以保留食物中的各种营养成分，在很大程度上减少营养物质的流失。

炊具：竹蒸笼、蒸锅。

食材：所有食材。

步骤：①在锅的底部放充足的水，并将水保持缓慢煮沸。

②可以将一个蒸笼堆叠在另一个蒸笼上面，一次可以烹饪几种菜肴。

③需要最多烹饪时间的菜肴放在底层，而需要较少烹饪时间的菜肴放在顶层。在食物制作完成之前，始终保持水缓慢沸腾。

（4）炖。

炖是一种独特的烹饪技术，将食物用小火慢慢地烹饪。

炊具：炖锅、慢炖锅。

食材：肉类、家禽。

步骤：①热锅凉油，放入葱姜，爆锅后将食材翻炒至褐色。

②放入适量的酱油、糖、酒或雪利酒、生姜、五香粉、辣椒粉、香菜和其他调味料，加水或肉汤。

③肉可能需要长达数小时的烹饪才能达到所需的软烂度。

（5）煮。

煮被认为是所有中国烹饪技术中最简单的。这种烹饪方法保留了食物的颜色、质地、形状和营养。火锅是一种典型的煮食。

炊具：炒锅、长筷子。

食材：小型或软质食材。

步骤：①洗涤并切割食材，然后将其浸入沸水或肉汤中。

②当它们完全煮熟后，立即将它们滤干，然后将它们与调味料一起搅拌后食用。

（6）烤。

北京烤鸭是典型的烤制美食。许多中国食物，如鸡、鸭、整只羊、羊腿和整只猪都可以这样烹饪。

炊具：烤箱。

食材：畜肉、家禽。

步骤：①准备肉：将肉清洗好后，放入调味料、食用油，进行腌制。

②将腌制好的肉挂在火上或放入预热后的烤箱中。

③当肉被烤好后，将其切碎，放在盘子上，并配以用肉汁制成的酱汁。

（7）焖。

最著名的红焖菜肴包括红焖鸡肉蘑菇和红焖排骨。使用这种技术，通过长时间的焖制，菜肴的口感浓郁，老少皆宜。

炊具：炒锅、平底锅或炖锅。

食材：所有切成大尺寸、立方体的食材。

步骤：①将食材、香料、调味料和少量水或肉汤放入炒锅或平底锅中。

②在高温下将所有东西煮沸。

③用小火长时间地焖烧（通常为一小时或更长时间）。

知识链接

可乐鸡翅的做法

可乐鸡翅，以鸡翅和可乐为主料制作而成。它味道鲜美、色泽艳丽、口感嫩滑、咸甜适中，深受大众喜欢。

1. 材料

鸡翅中、可乐一听、八角、姜、葱段、料酒。

2. 步骤

（1）鸡翅洗净，放入葱姜水中煮沸后捞出，沥干水分（见图 4－4）。

图 4－4　鸡翅洗净，放入葱姜水中煮沸后捞出

（2）锅内放少许油烧热，放入鸡翅，煎至外皮两面泛黄（见图 4－5）。

图 4－5　煎至外皮两面泛黄

（3）倒入可乐没过鸡翅即可（见图 4－6）。

（4）加入酱油、大料、葱段、姜片，大火烧开后转小火（见图 4－7）。

（5）炖至汤汁浓稠即可（见图 4－8）。

（6）摆盘，撒上葱碎、芝麻即可（见图 4－9）。

图 4－6　倒入可乐没过鸡翅

图 4－7　加入酱油、大料、葱段、姜片，大火烧开后转小火

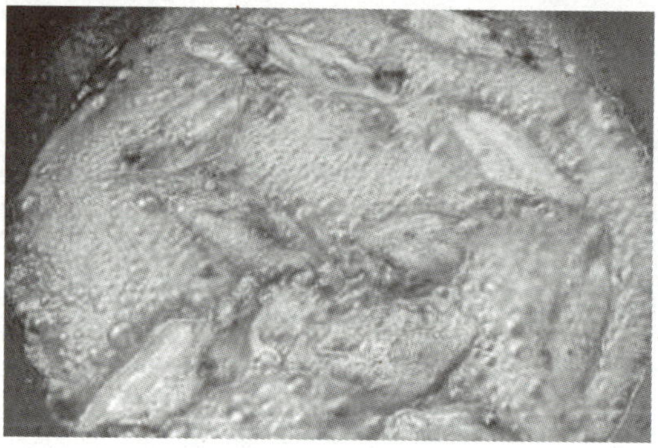

图 4－8　炖至汤汁浓稠

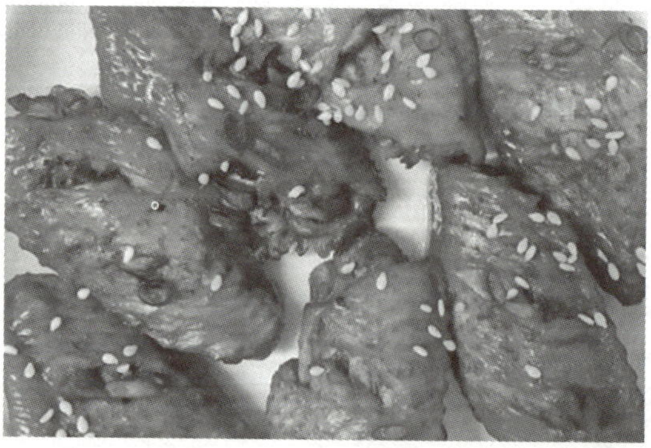

图 4－9　摆盘

课堂互动

烹饪的过程是劳动，也是一种享受，但这个时候需要避免出现“不愉快”的状况，例如，烫伤、烧伤、割伤、切伤等。为了最大限度地避免意外，在烹饪前请进行“厨房安全10条”核查（见表4－2）。

表4－2 “厨房安全10条”核查

厨房安全10条	确认后打“√”
做饭时注意不要露出太多，最好穿长袖衣服和裤子，尽量别穿凉鞋	
使用含锋利物品的电器（切割机、搅拌机、研磨机等）时，在用完进行清洗等处理时，要先拔掉插头	
刀不锋利时，要记得磨刀	
切菜要用砧板，而且要注意防滑	
准备一个隔热手套，放在随手可以拿到的地方	
没有隔热手套可以用干毛巾代替，但是要确保这些物品是干的	
要转移热锅的时候，须事先确保有地方放	
掀锅盖时，要往锅盖后面站	
为了减少高温油的飞溅，食材尽量滤干水再下锅	
不要忘记开抽油烟机	

4. 居室清洁

（1）通风换气。拉窗帘、开窗、通风，检查窗帘是否有掉钩、脱轨或损坏，拉手是否灵便好用，关掉房内多余的照明灯。平时窗帘的清洁只需掸一掸，将污垢掸落，如果窗帘很脏的话，就要手洗、机洗或拿到洗衣店里去洗。遇风雨天或室内空调正在使用时，注意不要开窗。

（2）整理床铺。日常将床单被套理齐拉平整。床上用品会与皮肤直接接触，平时要注意床上用品的清洁。一般来说，床上用品的清洗间隔应根据季节来判断。夏季建议一周清洗一次，冬季建议两周清洗一次。清洗时，最好挑一个晴朗的天气，以便清洗完的床上用品能够接受紫外线的照射，从而有效清除细菌和螨虫。

（3）房内抹尘。准备干湿两块抹布。用柔软的干抹布擦拭电器、镜子及其他易湿易腐蚀物品。家具清洁顺序：由上至下，由里向外，从左到右，先桌面后桌腿，先擦大件再擦小件，先擦净处再擦脏处，先明处后暗处，从里边擦向外边，先擦拭后摆放。

（4）地面清洁。用拖把（笤帚、吸尘器）按从里至外方向对房内地面进行清理，清洁过程中发现物品损坏应及时告知家长，并将损坏的残物妥善清理干净。

5. 家庭日常维修

家庭日常维修的种类很多，有家具维修、家电维修、日用品维修等。简单的维修项目家庭成员就可以完成，难度较大或有危险的维修项目则需要请专业人员来操作。机电、汽修、建筑等专业的学生可多参与家庭日常维修活动，提高实践和动手能力。

（1）冰箱不制冷。冰箱出现不制冷的情况时，应首先检查冰箱的电源插头是否牢固，若电源插头没问题，则可能是由于冰箱的内出水口堵塞或冰冻造成了冰箱不制冷。此时，我们可以使用一根有一定硬度的细棍疏通冷藏室的后壁出水口。

（2）家具出现裂缝。实木家具如因热胀冷缩出现裂缝，可采用以下补救措施：

①将旧棉布或破麻袋烧成灰，然后与生桐油搅拌成糊状，嵌补到木器的裂缝中，阴干后即可补平裂缝。

②将撕碎的报纸加些明矾和清水煮成稠糊状，冷却后涂于木器的裂缝中即可将其补平。

（3）木门开关时有噪声。门与门框连接的地方叫合页，是金属做的，长时间使用后合页就变得不那么灵活了，转动时摩擦变大，就会发出噪声。

①给合页上滴点润滑油，响声就会消失。

②如果合页生锈很厉害了，可以考虑更换新合页，注意更换的时候不仅要更换合页，还要更换安装合页的位置，防止合页脱落导致门倒伤人。

③如果门体或门框变形，那就要换门了。

这里值得注意的是，刚装好的新门，也可以上点机油保养，防止合页生锈。

（4）燃气打不着火。出现这种情况有多种原因。

①燃气中断。这个问题之前经常发生在灌装液化气的时代，因为很多用户的疏忽，灌装燃气耗尽时，燃气灶自然就无法使用了。目前大多数家庭都已经使用管道燃气了，发生这种事情的概率也就大大降低了，但还是会有用户因为忘记交纳燃气费，或者因为燃气检修等意外情况出现供气中断的情况。

解决方法：液化气罐压力低时请及时更换，管道燃气用户请注意燃气卡中的余额，并留意燃气检修维护通知。

②电池电量耗尽。这是平时最容易碰到的问题。燃气灶中的电打火装置一般都需要通过电池供电（集成灶多半是直接接入市电），当电池电量耗尽时，燃气灶自然无法点火。

解决方法：如果打火时发现没有电子打火的电击声，请检查电池是否还有电，建议家中常备两节一号电池。

③电路接触不良。其实这个问题和上一个问题一样，都是由于电子打火无法触发引起的。通常是由于电池漏液后造成电池仓内腐蚀，电极接触不良引起电路异常，从而无法触发打火装置。

解决方法：如果燃气灶电路接触不良，需把铁锈清除，将线路准确连接。

④过压保护。很多燃气灶有过压保护功能，一旦过压，系统会启动安全保护。目前绝大多数家庭都使用管道燃气，即便灌装液化气也是有压力标准的，所以这种情况发生的概率极低。

解决方法：燃气灶如果出现过压保护的情况，可通过减压阀降低端口气压。

⑤管道堵塞。劣质燃气和劣质管道都会因为杂质问题造成管路堵塞，这时需要请专业的维修人员上门更换堵塞的管路并重新安装接口卡扣。

解决方法：寻求专业人员帮助更换燃气管路。

⑥微动开关损坏。这是燃气灶里一个很小的地方，但是它却比一般的故障更难维修。微动开关的作用是触发电子打火装置，所以如果开关损坏，自然也就不能打火了。

解决方法：燃气灶的微动开关损坏，更换新的微动开关即可，建议用户寻求厂商售后人员提供技术支持。

⑦点火针脏。厨房是一个很容易藏污纳垢的地方，特别是容易沾染油污等，燃气灶放置时间太长，点火针就很容易被油污弄脏。

解决方法：清洁点火针上的油垢，然后再尝试点火。

⑧点火针位置不当。燃气灶对点火针与火盖的距离是有一定的要求的，一旦偏离距离过多就会造成燃气灶打不着火。

解决方法：通常来说点火针与火盖的距离是 4 ～ 6mm，并且要对准火孔，用户可自行手动调整。

（5）水管漏水。水管爆裂后漏水多少，一般与管内的水压高低有直接关系，无论水是滴漏还是喷涌而出，都需要立刻关闭该供水管的阀门，并向物业部门报修。

用修补水管的专用胶布捆住水管的损坏部分，也可以用玻璃纤维胶布、环氧树脂黏剂修补水管的裂缝。操作前要先将损坏处清理干净，保证周围没有水源，然后再进行维修。

如果水管爆裂情况很严重，可以用毛巾包裹住水管的破裂部分，这样既可以阻止水流四处喷射，也可以将水流引入放置好的水桶中，以免造成巨大浪费。还可关闭住户内总水管的阀门，完全截断屋内的自来水供应，等待维修师傅来检修。

6. 垃圾分类

垃圾分类一般是指按一定规定或标准将垃圾分类储存、投放和搬运，从而转变成公共资源的一系列活动的总称。垃圾分类的目的是提高垃圾的资源价值和经济价值，减少垃圾处理量和垃圾处理设备的使用，降低垃圾处理成本，减少土地资源的消耗，具有社会、经济、生态等多方面的效益。

垃圾可做如下分类：

（1）可回收物，主要包括废纸张、废塑料、废玻璃制品、废金属、废织物等。

（2）有害垃圾，主要包括废电池、废灯管、废含汞基温度计、废药品等，这些垃圾需要进行特殊处理。

（3）厨余垃圾，主要包括剩菜剩饭、菜根菜叶、果皮果核等食品类废物。这些垃圾经生物技术处理后可制成有机肥料。

（4）其他垃圾，主要包括除上述几类垃圾之外的砖瓦陶瓷、渣土、卫生间废纸、纸巾等难以回收的废弃物。这些垃圾用适当的方法处理后，可有效减少对地下水、地表水、土壤及空气的污染。

（二）烹饪安全

1. 用火安全

在利用燃气灶等明火烹饪食物时，应注意以下四点：

（1）烹饪过程中不要远离厨房，以防汤水溢出浇灭燃气灶火苗造成燃气泄漏事故。

（2）厨房内禁止存放酒精、汽油等易燃危险物品，以免引起意外失火。

（3）保持燃气灶周围空气流通。

（4）若闻到刺鼻气味，怀疑燃气泄漏的话，应立即关闭燃气阀门和附近的火源，同时打开门窗通风，注意不要开关任何电器，包括手机。若气味强烈，则应立即退出房间并拨打电话报警，并通知邻居疏散。

2. 用电安全

在用电饭煲、电磁炉等电器烹饪食物时，应注意以下两点：

（1）湿手不得接触电器及电器装置，以防触电。

（2）电器用完后应关掉开关并拔下插头，防止电器因长时间通电而损坏。

3. 烹饪工具使用安全

在使用烹饪工具的过程中，应注意以下三点：

（1）玻璃器皿、瓷器不能摆放在台面边缘，以免摔碎伤人。

（2）在使用刀具前，应检查其是否存在裂纹、松柄、锈蚀等现象，避免在使用过程中发生意外。

（3）刀具在使用完后应插入刀套或刀架内，不得放在操作台边缘及过高处，以免坠落伤人。

4. 厨房火灾的应急处置

厨房存在安全隐患，一旦防范不当，极易引发火灾，后果不堪设想。

（1）油品温度过高引发的火灾。

最佳扑救方法：家里配备一块面积大于锅盖的灭火毯，发生火灾时在切断燃气开关的前提下，将灭火毯展开覆盖于油锅上，明火很快就会熄灭。

火势较小时，比较快速的方式是使用锅盖直接盖住油锅，或将旁边切好的蔬菜倒进锅中，但火势较大时不建议这样处理，可使用灭火毯。

记住，切忌用水灭火！水油混合物会造成火势蔓延，同时冷热接触会造成油粒溅射，容易造成烫伤。

（2）燃气管道泄漏引发的火灾。

燃气管道使用时间长了，或遭到损坏，就容易发生燃气泄漏。由于厨房内不可能 24 小时都有人，能及时发现燃气泄漏，因此安装气体泄漏报警器就十分重要。当遇到燃气泄漏着火时，千万不要慌张，记住下面这些步骤：

①迅速灭火：用灭火器、干粉灭火剂、湿棉被等扑打火焰根部迅速灭火。

②火彻底熄灭后关闭阀门：切记火熄灭前不要关闭阀门，着火时直接关闭阀门可能

会导致回流，引起爆炸。

③离开现场或报警：如火势无法控制，应该在疏散人员后，迅速离开现场。在没有燃气泄漏的地方，拨打火警 119 电话报警，并立即向燃气公司客服中心报险。

④疏散人员：火势严重时，应立即疏散人员。要迅速疏散家人、邻居，同时阻止无关人员靠近。

⑤不要开灯或打电话：燃气泄漏着火时，不要在房间内打电话、不要开灯、不要有金属摩擦，也不要拉断电闸。

另外，日常要注意维护、检修燃气管道，切忌使用明火照明。最好的方法是用肥皂水涂抹于管道上和连接阀门处，如果有气泡就说明有漏点存在。

如果在厨房中闻到了燃气的臭味，第一件事是开窗通风，千万不要开灯。

5. 其他注意事项

除上述注意事项外，在烹饪时还应注意以下三点：

（1）烧制饭菜时，锅内的液体不宜过多，以免溢出引发意外。

（2）在拿刚蒸好或烤好的食物时，应戴隔热手套。没有隔热手套的，可用干毛巾代替。

（3）为减少烹饪过程中高温油飞溅，应提前滤干食材的水分。

（三）清洁剂的介绍及使用

日常生活中我们会经常使用各式各样的清洁剂来进行清洁工作，大到整个室内环境，小到锅碗瓢盆。随着生活水平的提高，人们对卫生清洁的意识也大大提升。但不少中职生对清洁剂的选择、使用以及操作注意事项，还是处于较低的认知水平，接下来我们了解几种家庭生活中使用较广的清洁剂的用途以及使用方法。

1. 清洁剂的选择及用途

清洁剂按常规可分为中性清洁剂、酸性清洁剂和碱性清洁剂（见表 4－3）。

表 4－3 清洁剂分类

项目	中性清洁剂	酸性清洁剂	碱性清洁剂
性质及说明	是一种温和的清洁剂，在使用过程中不易对物品及人造成伤害	多带有气味性和轻微毒性，在使用过程中，会损坏物品或伤害皮肤，所以使用时应注意做好防护措施	多带有气味性和轻微毒性，在使用过程中应注意做好防护措施
主要用途	中性清洁剂属中性配方，不损伤物体表面，集清洁和消毒为一体，含有高效抗菌剂。适用于家具、地板、铝门窗、瓷砖、皮鞋、汽车车身等的清洁	可除去物体表面的石灰迹、水泥迹、水垢等顽固性污渍以及各种金属锈迹	可除去各种油污及地面的蜡层
分类	洗洁精、洁而亮	浴室清洁剂、外墙清洁剂、洁厕剂、浓草酸、漂白水	洗手液、洗衣粉、除油剂、玻璃清洁剂、烧碱

2. 清洁剂使用注意事项

（1）必须使用正确的浓度。每种清洁剂都有发挥本身最大清洁效果的适当浓度，如果浓度过低，则清洁效果减弱；如果浓度过高，不仅不能达到去污的效果，反而可能损坏被清洁物本身。所以使用清洁剂时必须严格按照产品使用说明书的要求正确稀释。

（2）必要时可用温水稀释。使用时最好选用 40℃左右的水稀释清洁剂，其清洁剂中表面活性剂的去污作用最强，污垢容易被清除。

（3）清洁后必须擦洗干净。清洁剂含有酸、碱、有机溶剂等，物品清洁后必须立即用清水冲洗干净或用擦的方法将清洁剂及残留物去除干净。如果清洁面较长时间留有清洁剂成分，不仅容易黏附污垢，而且可能损坏家居用品。

（4）不同的清洁剂不可混用。混用洗涤剂不仅无法提高清洁效果，甚至还会对被清洁物体表面造成伤害。严禁随意将不同的洗涤剂、消毒剂混合使用，如将含氯的消毒水与洗衣液、洗衣粉合用；将漂白剂与含酸的洁厕剂混用，前者是碱性，后者是酸性，中和之后，清洁作用就被抵消了；将漂白剂与含氨类的清洁剂合用会产生氯气，氯气轻则会刺激人的眼、鼻、喉等器官，重则可损伤心肺组织，当空气中氯气含量达到一定浓度时，甚至会危及人的生命。

（5）使用酸、碱性清洁剂时的注意事项。清洁剂含有多种化学成分，渗透力强，特别是酸、碱性强的清洁剂有较强的腐蚀性，不宜经常与皮肤接触，若手长时间接触此类清洁剂，不仅会对皮肤造成损伤，严重的还会引起皮炎。如果使用不当，除了会浪费清洁剂外，还会不同程度地损坏所清洁的物体表面，甚至可能让使用者皮肤受到损害。因此，使用酸、碱清洁剂时务必遵循以下原则：

①使用前应戴手套或穿雨鞋等，做好防护措施，不能直接用手接触清洁剂，如不慎沾在皮肤上应及时用水冲洗干净。

②使用前必须确定清洁对象的材质，如是大理石、瓷砖、不锈钢等，不能使用酸性清洁剂，容易腐蚀清洁对象。

③所有强腐蚀性清洁剂在使用前应先在物体表面淋上清水，将清洁剂稀释到一定浓度后使用。

④碱性清洁剂与酸性清洁剂不能混合使用。

⑤如果不小心将清洁剂沾到皮肤或溅入眼里，要立即用大量清水冲洗，严重的要及时就医。

三、军事训练

对学生实施的军事训练，是学校实施素质教育的一项重要内容，是学生接受国防教育的基本形式。

中职生接受军事训练，可以提高政治思想觉悟，增强社会责任感，增强国防观念和国家安全意识；可以培养爱国主义、集体主义精神和吃苦耐劳的精神；可以加强组织纪律观念，养成良好的行为习惯和坚忍不拔的意志。

（一）单个军人基本动作要领

1. 立正

立正是军人的基本姿势，是队列动作的基础。立正的动作要领：两脚跟靠拢并齐，两脚尖向外分开约 60°；两腿挺直，小腹微收，自然挺胸；上体正直，微向前倾；两肩要平，稍向后张；两臂下垂自然伸直，手指并拢自然微曲，拇指尖贴于食指第二节，中指贴于裤缝；头要正，颈要直，口要闭，下颌微收，两眼向前平视。

2. 稍息

稍息的动作要领：左脚顺脚尖方向伸出约全脚掌的 2/3，两腿自然伸直，上体保持立正姿势，身体重心大部分落于右脚。稍息过后就可自行换脚。

3. 跨立

跨立动作要领：左手握右手腕，同时左脚向左横迈一步，两脚间距离略与肩同宽，上体保持立正姿势。

4. 停止间转法

停止间转法是停止间变换方向的方法，分为向右（左）转、半面向右（左）转、向后转。动作要领：以右（左）脚跟为轴，右（左）脚跟和左（右）脚掌前部同时用力，使身体协调一致向右（左）转 90°，体重落在右（左）脚上，左（右）脚取捷径迅速靠拢右（左）脚，成立正姿势；半面向右（左）转，按向右（左）转的要领转 45°；向后转，按照向右转的要领向右转 180°。转动和靠脚时，两腿挺直，上体保持立正姿势。

5. 行进与立定

行进的基本步法分为齐步、正步和跑步，辅助步法分为便步、踏步和移步。

（1）齐步与立定。

齐步动作要领：左脚向正前方迈出约 75cm，按照先脚跟后脚掌的顺序着地，同时身体重心前移，右脚照此法动作，上体正直，微向前倾；手指轻轻握拢，拇指贴于食指第二节；两臂前后自然摆动，向前摆臂时，肘部弯曲，小臂自然向里合；手心向内稍向下，拇指根部对正衣扣线，与迷彩服第四衣扣同高，离身体约 25cm；向后摆臂时，手臂自然伸直，手腕前侧距裤缝线约 30cm。行进速度每分钟 116 ～ 122 步。

听到“立—定”口令后，左脚再向前大半步着地（脚尖向外约 30°），两腿挺直，右脚取捷径迅速靠拢左脚，成立正姿势。

（2）正步与立定。

正步动作要领：左脚向正前方踢出约 75cm（脚要绷直，脚尖下压，脚掌与地面平行，离地面约 25cm），适当用力使全脚掌着地，同时身体重心前移，右脚照此法动作；上体正直，微向前倾；手指轻轻握拢，拇指伸直贴于食指第二节；向前摆臂时，肘部弯曲，小臂略成水平，手心向内稍向下，手腕下沿摆到高于最下方衣扣约 10cm 处（着迷彩服时，约与第三个衣扣同高），离身体约 10cm；向后摆臂时（左手心向右，右手心向左），手腕前侧距裤缝线约 30cm。行进速度每分钟 110 ～ 116 步。

听到“立一定”的口令后，左脚再向前大半步着地（脚尖向外约 30°），两脚挺直，右脚取捷径迅速靠拢左脚，成立正姿势。

（3）跑步与立定。

跑步动作要领：听到预令，两手迅速握拳（四指蜷握，拇指贴于食指第一关节和中指第二关节），提到腰际，约与腰带同高，拳心向内，肘部稍向里合。听到动令，上体微前倾，两腿微弯，同时左脚利用右脚掌的蹬力跃出约 85cm，前脚掌先着地，身体重心前移，右脚照此法动作；两臂前后自然摆动，向前摆臂时，大臂略直，肘部贴于腰际，小臂略平，稍向里合，两拳内侧各距衣扣线约 5cm；向后摆臂时，拳贴于腰际，每分钟 170 ～ 180 步。

立定时，听到口令，再跑两步，然后左脚向前大半步（两拳收于腰际，停止摆动）着地，右脚靠拢左脚，同时将手放下，成立正姿势。

（4）踏步与立定。

踏步动作要领：两脚在原地上下起落，抬起时，脚尖自然下垂，离地面约 15cm；落下时，前脚掌先着地，上体保持正直，两臂按照齐步或者跑步摆臂的要领摆动。

立定时，左脚继续踏一步，右脚靠拢左脚，原地成立正姿势（跑步的踏步，听到口令，继续踏两步，再按照上述要领进行）。

（5）蹲下与起立。

动作要领：右脚后退半步，前脚掌着地，臀部坐在右脚跟上（膝盖不着地），两腿分开约 60°，手指自然并拢放在两膝上，上体保持正直。蹲下过久，可以自行换脚。起立时全身协力迅速起立，成立正姿势。

（二）整理内务

整理内务是军训的重要内容之一，目的在于提高学生的内务标准和加强学生的宿舍整理意识，培养学生吃苦耐劳的精神，引导他们养成良好的生活习惯和生活作风，营造整洁舒适的生活环境。

1. 内务设置及标准

宿舍内务设置应当利于学习、方便生活、因地制宜、整齐划一、符合卫生要求。室内卫生要划区分工负责，每日清扫，每周进行大扫除，室内保持整齐清洁，空气新鲜，无蜘蛛网、无污迹、无烟头、无积尘。

2. 宿舍内物品放置及要求

（1）床铺应当铺垫整齐。棉被折三叠被，统一放床头中间，枕头放另一头和被子相对，床单平整无杂物。

（2）洗漱用品整齐摆放在脸盆里，脸盆放在床下离床腿 25cm 处。暖瓶、水杯等日常用品统一摆放。

（3）马扎、卫生工具摆放整齐，统一摆放在阳台。

（4）地板清洁，无痰迹、污水。

（5）天花板、灯管、墙壁、门板、窗户擦洗干净，严禁在墙壁上张贴纸张。

（6）书本立放，摆放整齐。墨水、胶水等细小物品放置的数量、位置顺序应当统一。拖布、扫帚立放，置于门后一角。

知识链接

叠军被六步法

1. 压

首先要压新的军被，用手掌或者小臂反复来压被子，把被子压平（见图 4－10），这是叠好军被的基础。压的时候一定要用力，有些人的被子总是叠不好，很重要的一个原因是这一环节没做好。

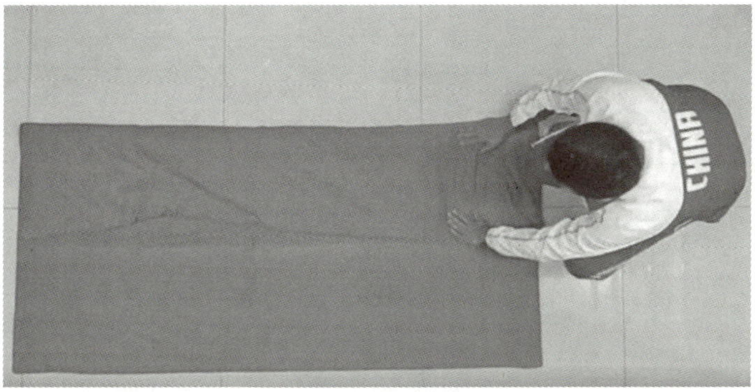

图 4－10　压军被

2. 量

量不一定用尺子，用拇指和食指张开来卡就行（见图 4－11）。把尺寸记住了，以后只要用手一卡就行。时间长了，被子叠出形状了，就不用卡了。

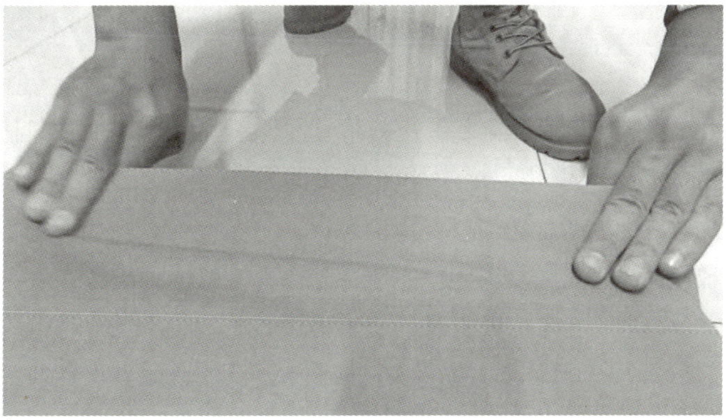

图 4－11　量军被

3. 切

切就是用手掌的肉厚部分来切被子，把被子的印切出来。有些同学用手指来捏，这样是叠不出形的。一定用手掌的肉厚部分使劲来切压被子，才能把被子的印切出来。

4. 塞

被子叠起来之后，要把被子塞实。用手指沿折痕伸进去，把被子往里塞，这样被子看起来才有支撑感。许多人因为塞不实，被子刚叠出来时还行，可是放一会儿就散了。

5. 抠

抠就是用食指把被子的角抠出来。具体过程就是把食指塞进被子的角中，沿着角的方向向外把角抠出来（见图 4－12）。如果有银行卡之类的硬卡，也可以用卡来代替手指，这样抠出来的角更美观。

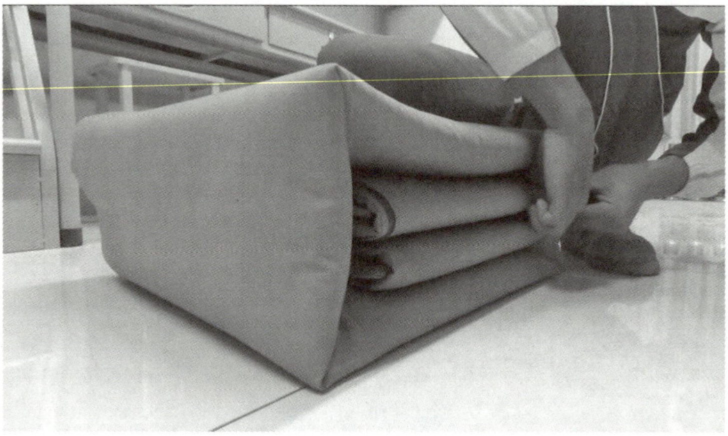

图 4－12　抠被角

6. 修

修就是远离被子，进行整体的观察。把高的地方压下去，把低的地方拉上来，使被子更加美观。修的时候一定要仔细，俗话说“三分叠七分修”，一定要有耐心。

四、校园环保

洁净、舒适、安全的校园环境不仅是我们生活和学习的需要，而且是我们陶冶情操的需要，营造优良的校园环境是每个中职生的职责。

对于校园环保，中职生应该具备以下常识：

（1）以爱护校园环境为己任，自觉维护校园的清洁卫生。

（2）做到垃圾入篓、袋装垃圾入桶，并提醒和制止乱扔垃圾的行为。垃圾要分类，如矿泉水瓶、碎玻璃等属于可回收垃圾，碎玻璃应包装好后放到可回收垃圾桶里。

（3）随时捡起地面上的零星垃圾，扔进垃圾桶里，确保地面干净。

（4）为了花草树木的健康成长，不要随意践踏、攀折它们。

（5）养成勤俭节约的美德，树立节约意识，减少纸的用量，做到“人走灯灭”“人走水断”，节约粮食，杜绝浪费。

（6）保护好学校的公共设施，不乱涂、乱画、乱印，主动清理地面和墙壁上的污垢，养成良好的卫生习惯。

（一）教学楼“8S”管理标准

教学楼“8S”管理标准详见表 4－4。

表 4－4　教学楼“8S”管理标准

序号	考核项目	考核标准	考核分值
1	整理	教室内没有杂物，没有堆放杂物的角落，多余的桌椅统一整齐摆放在教室后面	2
2		走廊、阳台没有堆放垃圾、废弃物，窗台不摆放物品	2
3		没有多余的充电排插（除了教室多媒体需用外）	2
4		门、窗、墙壁、黑板、课桌、椅子上没有乱贴乱画、乱涂乱写，无手脚印、球印等	2
5		课桌、讲台抽屉内无灰尘、杂物	2
6	整顿	课桌椅摆放整齐（每班四列），做到前后左右成线对齐，课桌上、课桌斗内物品摆放整齐有序	2
7		学生不在教室时，椅子要统一放在课桌下面	2
8		教学用品整齐摆放在讲台上，黑板擦放在黑板槽内，粉笔整齐地放在粉笔盒里	2
9		清洁工具统一摆放在教室后面的墙角，并设置标示牌贴于墙上，清扫工具要摆放整齐、有序	2
10		教室布置简约大方，需有公示栏、法纪宣传栏、墙报、读书角	2
11		书柜统一摆放在教室前面右手边，柜门面朝门口，书柜内书本摆放整齐、有序	2
12	清扫	教室地面、走廊保持清洁，无积水、无污迹、无垃圾	2
13		教室门、窗、墙壁、课桌椅、玻璃保持清洁干净	2
14		黑板、讲台保持整洁、干净，讲台上、黑板槽内粉末及时清理	2
15		多媒体教学用机外观要保持干净整洁、无灰尘	2
16		垃圾桶内垃圾要及时清理，无过多垃圾存留	2
17		教室天花板（包括走廊天花板）、墙角无蜘蛛网	2
18	清洁	制度上墙：教室内要有“8S”管理制度、卫生管理制度、学校安全管理制度、中学生守则、学校各项规章制度等	2
19		有值日安排表，分工明确（有检查人和责任人）	2
20		教室内空气良好，无异味	2

续表

序号	考核项目	考核标准	考核分值
21	素养	自觉维护教室环境卫生，不乱扔垃圾，不向窗外倒水、扔废弃物	2
22		不在教学区内拍球，不在校园内、公共场所高声喧哗，不嬉戏打闹、不吹口哨、不起哄，不聚众斗殴	2
23		不吸烟、喝酒；不在校园内燃放烟花爆竹、孔明灯	2
24		就餐、出入校门、进离会场要自觉排队，不加塞，不抢座	2
25		不迟到、不早退、不旷课，集会时自觉维护会场卫生，自觉带走垃圾	2
26		尊敬师长，团结同学，重礼仪讲规范，上下楼梯靠右走；虚心听取老师意见，主动与老师、同学交流沟通，有团队精神	2
27		上课认真听讲，上课、晚修时不做与学习无关的事情	2
28		保持良好的个人形象，不染发、烫发，男生不留长发，不搞奇形怪状发型，不留长指甲，不佩戴首饰	2
29		衣着干净简朴，在校园内（除宿舍区外）不穿拖鞋，不穿无袖背心和超短裤（裙）、透视装、露脐装，不在球场赤膊打球，行为举止要符合学生身份	2
30	安全	认真学习安全、法治知识，提高安全防范意识，锻炼逃生自救能力，确保人身安全	2
31		加强防范传销活动能力，自觉抵制暴力、色情等不利于身心健康的游戏、书籍和视频	2
32		讲究个人卫生，勤洗手，不食用“三无”食品	2
33		不带棍棒、烟花爆竹、管制刀具等违禁物品进校	2
34		不在校园内骑车、滑旱冰	2
35		严禁攀爬围墙、护栏或者坐在窗台、走廊护栏上	2
36		不在校园内追逐打闹，同学间开玩笑、玩游戏要有分寸，避免发生意外伤害	2
37		不在教室给手机、手提电脑、充电宝充电	2
38		不破坏学校消防设施，发现有损坏要及时报修	2
39		实操课严格遵守操作规程，杜绝违规违章作业	2
40		个人信息要保密，银行卡密码不告知他人，不外借身份证、学生证等证件，贵重物品要妥善保管，不把贵重物品、大量现金放在教室里，养成随手关窗、锁门的习惯	2
41		慎重交友，不轻信他人，不乱讲义气，不轻易结交网友或跟网友见面，在校学习期间不发生男女生交往过密现象	2
42		健康上网，不在网络上传或散播不实谣言或照片	2
43		定期进行安全隐患排查	2

续表

序号	考核项目	考核标准	考核分值
44	节约	科学制订学习计划，合理安排学习时间，高效完成学习任务	2
45		节约用水、用电，离开教室时要关灯、关风扇，节约能源，节约粮食，按需购买饭菜，杜绝浪费，节约公共资源，按需领取物品，爱护公共财物，生活简朴，不攀比消费	2
46		物品摆放整齐规范，节约空间，取用方便快捷	2
47	学习	学习认真，学习目标明确，学习方法灵活有效，有个人和团队愿景	2
48		不在课堂上玩手机、睡觉、讲话等，不做与学习无关的事情	2
49		学习气氛浓厚，学习环境宁静优雅	2
50		学习内容全面，有理想信念、社会主义核心价值观等内容	2

（二）室内学习空间卫生保持

室内学习休闲的空间一般有：室内敞开式休息间、走廊、楼梯平台、报告厅、礼堂、门厅等。保洁的对象主要有：天花板、墙面、窗户、玻璃、桌椅、柜子、墙面、地面等。

1. 保洁工作内容

（1）检查。进入各种休闲空间后，先查看是否有异常现象、有无已损坏的物品。如发现异常，应先向有关部门报告后再进行保洁作业。

（2）清扫。先用扫把对地面进行清洁，扫去纸屑、灰尘等。

（3）擦抹。从门口开始，由左至右或由右至左，依次擦拭室内桌椅、柜子、讲台和墙壁等。抹布应拧干，擦拭每一件物品时，应由高到低、先里后外。擦墙壁时，重点擦拭门窗、窗台等。操作时，先将湿润的涂水毛头（干净的）装在伸缩杆顶部，沿顶部平行湿润玻璃，然后以垂直上落法湿润其他部分的玻璃，再用干净的抹布擦干净窗框及窗台，最后用干燥的无毛的棉布擦干净玻璃四周和中间的水珠。大幅墙面、天花板等的清洁为定期清除（如每周清理一次）。

（4）整理。桌椅、柜子等擦干净后，按照原位摆放整齐。

（5）更换。收集垃圾并更换垃圾袋。

（6）推尘。用拖把清洁地面，按照先里后外，先边角、桌下，后地面的顺序进行推尘作业。清洁结束后把桌椅、柜子等设备恢复原位。

2. 保洁质量标准

（1）地面干净无污迹。

（2）没有垃圾和积水。

（3）墙面干净无灰尘。

（4）桌椅干净摆整齐。

（5）门窗干净很明亮。

（6）情绪高涨学习好。

（三）广场、台阶、水沟等保洁

校园露天广场、停车场、台阶和房屋周边水沟的保洁内容与流程：清扫各类垃圾、树叶，清除各种杂草、树枝，清扫或者清洗灰尘，清理明水沟内的各种垃圾和杂草。

1. 保洁工作内容

（1）对广场、停车场、台阶和楼房周边的水沟进行检查，先用扫把或垃圾夹清理地面上的垃圾、树枝、树叶等。

（2）对广场、台阶周边的杂草进行清除。

（3）用小扫把对广场、停车场地面做清尘处理。

（4）清理垃圾，运送到垃圾中转站。

（5）不得把垃圾和树叶倒到道路两边的绿化带里，更不能就地焚烧。

2. 保洁质量标准

（1）广场地面干净，无灰尘、无各种垃圾、无枯叶残枝。

（2）运动场内桌椅摆放整齐，桌椅表面干净、无垃圾。

（3）广场内无堆放物品、无张贴张挂。

（四）校园道路保洁

校园道路是指可供各类机动车辆和行人行驶（走）的道路，人行道是指校内道路两侧的人行路和可供师生上下课（班）和休闲行走的小路。

1. 校园道路保洁的内容

清扫各种垃圾、树叶，清捡树枝和废弃物，清拔岩石缝中的杂草，清除人行道边上绿化带里的树叶杂草，清扫人行道和道路上的灰尘等。

2. 保洁质量标准

（1）道路平整干净无垃圾。

（2）道路无枯叶枝和物品。

（3）路灯灯杆干净无张贴。

（4）绿化绿地平整无缺憾。

（5）校园整洁漂亮人人夸。

（五）校园绿化带保洁

保洁维护的主要内容与流程有：清捡绿化地和绿篱带内的各种垃圾、大树叶，清捡各种树枝和废弃物，清拔绿化地和绿篱带内的杂草，清捡生态树上的干枯树枝并进行合理修剪，科学艺术地整修绿篱带和花草苗木等。

1. 保洁工作流程

（1）用耙子把生态网、绿化地、绿篱带地面上的树叶、树枝耙成堆。

（2）用捡垃圾的夹子把绿化地、绿篱带里的塑料袋、快餐盒、烟头等夹走。

（3）用大竹扫把对生态树、绿化地、绿篱带地面进行清扫。对生态树、绿化地、绿篱带地面上的垃圾、树叶、树枝等进行清理，运送到垃圾中转站，不得随意乱倒或焚烧。

（4）安排人员进行文明督查，对不文明行为进行劝阻。

2. 保洁标准

（1）绿化带内和生态林内应保持干净、整齐，无垃圾、无枯叶残枝。

（2）绿化带干净，无垃圾。

（3）无各种废弃物堆放、堆积。

（六）学校卫生间清洁

1. 卫生间的清洁、保洁标准

（1）天花板、墙角、灯具目视无灰尘、蜘蛛网。

（2）目视墙壁干净，坐便器、小便器等洁净无黄渍。

（3）室内无异味、臭味。

（4）地面无纸屑、污渍、积水，瓷砖无黄渍。

2. 卫生间的日常清洁内容

卫生间每日常规清洁的主要内容是按清洁质量标准进行地面的清扫、洁具的清洁、用具的擦洗等。

（1）清洁程序。

卫生间的清洁一般应“从里到外”依次进行，对于单个器具的清洁，应按先内后外再对各附件进行清洁的顺序进行。

（2）操作程序和方法。

①准备工作：准备好所需的工具和用具。如：扫把、带柄尼龙刷、抹布、橡胶手套和夹钳等。准备好清洁剂和用品。如：草酸、洗衣粉等。打开门窗，通风换气。

②放水冲刷（蹲坑）坐便器、蹲槽、小便器（槽），开启冲水阀将（蹲坑）坐便器、小便器（槽）内的粪尿冲净，用夹钳将小便器内的烟头等杂物夹出。

③收集废弃物、清扫地面垃圾，清倒垃圾篓。

④清洗（蹲坑）坐便器、小便器（槽）。

清洁坐便器时，先用带柄尼龙刷刷洗（蹲坑）坐便器内壁，洗净后用清水冲净，然后用湿抹布擦洗水箱，坐便器的座沿、盖子外侧、底座，再用清水抹布擦洗干净，最后用干抹布擦干水迹。

清洁蹲坑时，先用带柄尼龙刷刷洗坐便器内壁和蹲位台面，并注意入水口和出水口的清刷，然后用清水冲净。最后用干地拖将蹲位台面的水迹擦干。

清洁小便器（槽）时，先用带柄尼龙刷刷洗小便器（槽）内壁，注意凹槽及出水口的清刷，并放水冲洗干净。然后用湿抹布擦洗冲水阀和水管。必要时沾少许洗衣粉擦洗，最后用抹布擦干水迹。

⑤清洁盥洗器具及其他设施。

清洁盥洗台时，先用湿抹布擦洗台面、洗手盆、水龙头，再用清水抹布擦净擦干。

清洁梳妆镜时，先用湿抹布擦洗干净，然后拧干抹布后擦净，不留水渍。

⑥清扫地面。先清扫地面，然后用湿地拖擦净地面，必要时可使用洗衣粉或草酸，最后从里到外，拧干拖把将地面拖干。

⑦检查及整理。

3. 清洁卫生间的注意事项

（1）卫生洁具多为陶瓷制品，禁止使用碱性清洁剂，以免损伤瓷面。

（2）卫生洁具容易破碎，清洁时不能用工具的坚硬部分撞击，以免卫生器具破损。

（3）使用刺激性清洁剂时应戴橡胶手套，以防止损伤皮肤。

（4）一旦发现卫生洁具或排水管道堵塞，应立即疏通。如果堵塞不严重，堵塞部分在排水入口处，可用夹钳取出堵塞物；如果堵塞严重，应及时通知后勤处安排工程人员疏通。

（5）如果发现卫生洁具损坏，管道、阀门、龙头漏水，应及时通知后勤处安排工程人员修理或更换。

（6）由于清洁工作的疏漏或使用日久，卫生间的卫生洁具、墙身或地面极易积有粪垢、尿渍、水锈和污垢，故必须定期进行去污除垢工作，以保证卫生间卫生状况良好。

任务三 职场生产劳动

千千万万种劳动共同创造了我们的美好生活，作为学生，我们要为将来从事真正的社会劳动实践做好必要的准备。对于即将离开校园走向工作岗位的毕业生而言，最关心的莫过于怎样才能顺利地在新的工作岗位上干出一番事业，最需要的莫过于怎样更充分地认识自我和积极地适应社会，从而尽快完成从学生角色到职业角色的转换，准备好未来劳动所必需的职业素质和能力。

一、从学生到职业人的角色转换

人的一生有许多次角色的转换，例如，从婴儿到幼儿园小朋友，从学生到员工。从学生角色到职业人角色的转换是我们每个人都必须经历的过程，也是我们人生中最重要的一次转折。

职业人是指参与社会分工，自身具备较强的专业知识、技能和素质等，并通过为社会创造物质财富和精神财富而获得合理报酬，在满足自我精神需求和物质需求的同时，实现自我价值最大化的一类群体。

学生角色主要是接收任务、储备知识、培养能力，经济无法完全独立，有家长和学校的庇护，社会经验缺乏，人际交往较为简单。而职业人角色则工作目的性明确，家庭经济压力大，环境变化大，工作负荷量大，具有更强的社会责任感，需要承担各类风险，生活独立，与同事心灵沟通较少，生活较为单一，人际关系更复杂。

二、职业思维转换

导向决定方向，方向比努力更重要。有意识树立职业思维是入职准备的重要一环。

（一）树立客户意识

客户意识是一个人或一个团队、一家企业对待客户的态度和思想状态，可具体分为以下几方面：关注客户需求的意识，站在客户的角度考虑客户的价值追求；及时响应客户的意识，把客户放在心里重要的位置；持续服务客户的意识，站在客户的角度考虑客户的价值追求，全流程服务；团队协作服务客户的意识，明确协作的共同目标，视彼此为帮助自己实现目标的资源。

（二）树立标准意识

工作要有标准。标准是衡量事物及行为的准则和遵循。任何一项事业、一项工作、一种行为都有对应的标准或规则。按标准办事，才能把好事办好，把实事办实，事业才能少走弯路，工作才能有所进步；相反，如果不按标准办事，可能会产生一时的效益，但长远来说失败的局面不可避免。

（三）树立流程意识

流程意识核心体现在三个方面：这件事情的整个过程是什么，要精确到人、事、物；可以最大限度为这件事情做什么；在这件事情当中领导需要做什么，在领导需要做的事情中，应该提前为他准备什么。理清了这三个问题的思路，做事情的时候就可以节省不少时间和精力。

（四）树立安全意识

职场上突发情况时有发生，尤其是一些高风险行业，风险的突发性和不可预测性更强。一个岗位出现问题，殃及的可能是整体。在职场上，需要时刻保持警醒的头脑，防患于未然。

（五）树立问题意识

树立问题意识，坚持问题导向。要勤于发现问题，乐于分析问题，善于解决问题。

（六）树立创新意识

创新是一个民族进步的灵魂，是一个企业兴旺发达的不竭动力。在激烈的国际竞争中，惟创新者进，惟创新者强，惟创新者胜。生活从不眷顾因循守旧、满足现状者，从不等待不思进取、坐享其成者，而是将更多机遇留给善于和勇于创新的人。

三、职场环境的适应

中职毕业生要尽快适应环境，主要是要做好心理适应、生理适应、岗位适应、知识技能适应和人际关系适应。

（一）心理适应

进入职场后，一些毕业生会存在以下五种心理：对学生角色的依恋心理、观望等待的依赖心理、消极退缩的自卑心理、苦闷压抑的孤独心理，以及见异思迁的浮躁心理。因此，作为职场新人，我们首先要学会心理适应，学会适应艰苦、紧张而又有节奏的基层生活。毕业生由于缺少社会生活经历，可能会不习惯一些制度、做法，这时千万不要试图用自己的习惯去改变环境，而要学会适应新的环境。我们要尽快培养自己的整体协作意识、独立工作意识和创造意识。

（二）生理适应

高素质的职业人不仅要具有健康的心理素质，还要具有健康的生理素质、科学文化素质，以及良好的思想品德。既然我们已经步入了职场，原来的许多生活习惯就需要适时改变，并且要及时调整生活规律，加强自我管理，遵守职场的规则，从而快速地适应职场生活。

（三）岗位适应

不同岗位所需的基本能力是不同的。职业院校学生刚毕业时，主要是进入技能型岗位，需要拥有岗位专业能力、学习能力、团队协作能力、自我管理能力、创新能力和沟通能力。我们在走上工作岗位后，要学会根据现实环境调整自己的期望值和目标，为自己做一份职业规划，明确自己的职业目标是什么、在职场中自己该扮演什么角色、该怎样去强化自己的职业能力，并且持续投入钻研，自然就能得到较好的发展。

（四）知识技能适应

尽管我们已经学习了很多理论知识，但是在实践中，我们仍会遇到各种各样的难题。因此，我们要虚心学习，主动工作，克服慵懒的习气，展现主动热情的个性。从细微处入手，从点滴事情做起。我们要主动投入到再学习中，多学习能让我们尽快适应工作的知识技能。为适应社会发展和实现个体发展的需要，我们需要培养主动问询、不断探索、不断自我更新、学以致用和优化知识的良好习惯，不耻下问，使自己职业岗位的技能更加完善。

（五）人际关系适应

在学校，我们主要面对的是老师和同学，进入职场后，则要面对领导和同事。刚从学校毕业的我们待人一定要热情、谦虚、朴实、积极，无论是对领导还是同事，都要彬彬有礼；同时努力工作，适当表现自己，尽可能地得到领导和同事的认可，赢得职场好人缘。

“适者生存，能者成功。”“今天工作不努力，明天努力找工作。”年轻人拥有青春与激情，任何困难都无须惧怕，既然选择了远方，就要风雨兼程，义无反顾，学会在生活中接受挑战，学会换位思考，学会适应环境。适应，将使人生获得机遇；努力，将使职业生涯有所作为！

四、专业技能的掌握

（一）夯实专业理论基础

中职学校的学生首先要认真学习和掌握基础理论知识，包括文化科学知识和专业基础知识两大类。学生不仅要通过文化课（计算机、政治、语文、数学、外语、体育、物理、化学、生物、历史、地理等）的学习不断提高文化素质，为专业基础知识的学习做好准备，更要重点学习专业基础课，掌握专业理论知识，为接下来的技能培训和实训操作打下坚实的理论基础。

（二）强化专业技能训练

职业学校的学生是靠技术和技能生存的，专业技能训练和实践锻炼直接决定着未来能否就业。如何强化专业技能训练呢？

首先，要熟练运用专业知识。专业知识是形成专业技能的前提条件。只有熟练掌握了专业知识，才能正确进行操作训练。

其次，要熟练掌握操作要领。专业技能是由各个操作环节组成的，要掌握专业技能，就要掌握每个环节的操作要领。学习操作要领，要充分发挥视觉和动觉的作用，在听懂讲解、看清示范的基础上，认真模仿练习，不断纠正错误，逐步掌握操作要领。全面练习，要形成专业技能，先进行单项技能训练，在基本掌握单项技能的基础上，把各项单项技能综合起来练习，做到各单项操作连贯、协调，从而全面掌握整个操作技能。

再次，注意手脑并用。专业技能训练中除加强动手练习外，还必须勤用脑，这不仅有利于加深记忆，更重要的是还可以创造性地掌握专业技能。

最后，不择练习时机、场所。技能训练不能只局限在学校、实验室和车间，也不能局限在学期中，社会、家里、假期等都有练习的时机和场所，中职生要随时把握，把技能训练与生产实践紧密结合。

任务四　义务劳动

义务劳动，也称志愿劳动，是指不计定额、不要报酬、自觉自愿地为社会劳动。《中华人民共和国劳动法》第 6 条是国家对劳动者提倡、鼓励行为的规定。其中首句就是“国家提倡劳动者参加社会义务劳动”。

一、义务劳动的意义

在新的时代背景下，以义务劳动或志愿活动为载体的奉献精神已经成为广大人民群众为实现中华民族伟大复兴中国梦而奋斗的精神支撑。我们每个人既是参与义务劳动的主体，也是义务劳动的服务对象。

（一）义务劳动对参与义务劳动的个体的意义

（1）丰富生活体验。个体在利用业余时间参与义务劳动或志愿工作的过程中，除了可以帮助别人，还可以培养沟通交流能力，学习新知识、掌握新技能，增强自信心、同理心，学会与人相处和更好地适应社会、融入社会，从而增加阅历、丰富生活体验。

（2）增加社会认知。个体参与义务劳动既可以扩大生活圈，还可以以义务劳动作为载体拥有社会经历，增加社会认知。

（3）奉献社会。个体通过义务劳动这个平台，以形式多样的义务劳动为他人、为社会提供帮助，履行公民的责任和义务。

（二）义务劳动对义务劳动的服务对象的意义

（1）接受更个体化的服务。义务劳动除了能够提供大量的人力资源服务外，还具有服务的个性化、个人化及全面化等特征，可以使服务对象受益。

（2）更好地融入社会、增强归属感。义务劳动能有效帮助服务对象扩大生活圈，增强服务对象对他人、对社会的信心。志愿者同时也能以亲切的关怀和鼓励帮助服务对象减轻自卑感和疏离感，使其建立自尊心和自信心。

（三）义务劳动对社会的积极意义

（1）传递爱心，传播文明。志愿者在把关怀带给别人的同时，也传递了爱心、传播了文明。这种爱心和文明从一个人身上传到另一个人身上，最终汇聚成一股强大的暖流。

（2）促进社会和谐。义务劳动提供了社会交往和互相帮助的机会与平台，加强了人与人之间的交往，减轻了彼此的疏离感，促进了社会和谐。

（3）促进社会进步。社会进步需要全社会的共同参与和努力。只有越来越多的人参与到帮助他人、服务社会的义务劳动中来，社会才能向着更好的方向前进。

二、中职生义务劳动意识的培养

开展义务劳动是贯彻党的教育方针和对学生进行德育的重要内容之一，它有利于增强学生的劳动观念、集体主义观念，有利于培养学生爱护公共财产意识，有利于促进班风、校园文明建设。

义务劳动亦是学校德育的一个重要组成部分。义务劳动是最容易操作、最有实效意义的劳动教育途径。中职生参加义务劳动，是一个知行合一的过程，可以提高中职生的文明素质和道德水平，培育“民生在勤，勤则不匮”精神和责任意识，引导中职生树立正确的人生观、价值观和世界观，从而促进中职生的全面发展。

（一）培育劳动者素质

面对日趋激烈的国际竞争，一个国家发展能否抢占先机、赢得主动，越来越取决于国民素质特别是广大劳动者素质。

素质是立身之基，技能是立业之本。中职生要勤于学习，学文化、学科学、学技能、学各方面知识，不断提高综合素质，练就过硬本领。要立足专业，向老师学，向同学学，向书本学，向实践学。三百六十行，行行出状元。劳动没有高低贵贱之分，任何一份职业都很光荣。中职生毕业后要立足本职岗位诚实劳动。无论从事什么劳动，都要干一行、爱一行、钻一行。在工厂车间，就要弘扬“工匠精神”，精心打磨每一个零部件，生产优质的产品。在田间地头，就要精心耕作，努力赢得丰收。在商场店铺，就要笑迎天下客，童叟无欺，提供优质的服务。总之，要在平凡岗位上干出不平凡的业绩。

从提出实施科教兴国战略到做出人才强国战略、创新驱动发展战略重大决策部署，大力加强教育、着力提高劳动者素质，已经成为由“中国制造”向“中国创造”迈进的必然选择和实现转型升级的基础工程。通过学习新知识、掌握新技能，用社会主义核心价值观武装头脑，提升职业道德，坚定理想信念，立报效祖国之志，行勤勉奋发之举，创开拓进取之业，建服务人民之功，中职生就能立足专业成长成才，在建设国家中实现人生价值。

（二）弘扬劳动精神

义务劳动教育对一个人的发展极其重要，是一个人得以发展的基础。

（1）义务劳动能使中职生的肌体充满活力，改善肌体的各种生理素质，包括呼吸、血液循环、新陈代谢等机能，促进中职生的身体发育。

（2）义务劳动，不论是体力劳动还是脑力劳动，都要做出努力、耗费精力，要取得劳动成果，需要有顽强的意志和毅力，因而可以培养中职生的自信心、责任心、情感和意志等思想品质。培养中职生的自信、自强要从劳动教育开始。

（3）义务劳动是产生财富的源泉，从而培养起尊重劳动、热爱劳动、尊重劳动人民的品质。劳动没有贵贱之分，只要是劳动，就能为社会增加财富，就是为社会服务。

（4）义务劳动是创造的基础。中职生在劳动中既要动手，又要动脑，是一种创造性活动。例如，一个模具专业的中职生在实训室一学期要做成一件产品，如榔头，他要自己设计、自己制作，在老师的帮助下克服困难。这就培养了他的创造意识和创新精神。

总之，义务劳动教育不仅能培养中职生的生活技能，而且能促进人的体力发展和智力发展，培养学生的创新精神和实践能力，养成尊重劳动的思想品德。义务劳动不仅能提高学生的智力，而且体脑结合能够提高学习的效率。

当今时代是创新的时代。创造新的知识、新的技术，不是凭空想出来的，而是在艰苦的劳动中创造出来的。义务劳动创造财富，劳动创造新的思维，义务劳动也促进了人类进步。培养学生热爱劳动、尊重劳动，树立劳动光荣而幸福的情感十分有必要。

（三）大力提倡义务劳动，提升内在生命力

1. 让义务劳动教育成为一种价值召唤

在观念层面，大力提倡义务劳动精神要凸显综合性与统领性，让义务劳动教育成为一种价值召唤。义务劳动教育不是一种独立的教育形式，而是各种教育的统领，能够把其他一切教育内容联结在实践之中。义务劳动教育不仅能够培养学生爱劳动、依靠自我劳动生存与创

造的道德品质和人格品质，增强体质，磨炼意志，发扬志愿服务精神，促进身心健康，还能够丰富学生对人生的理解，增强学生对自我发展以及成功体验的审美意义，能够实现把知识转化为能力、增进智慧等功能，即“以劳树德、以劳增智、以劳强体、以劳育美”。

义务劳动教育并不狭隘地指体力劳动、志愿服务或直接的生产劳动，而是基于志愿服务、体力劳动与物质生产劳动的实践活动。在家庭生活之中体现为自理、自立的独立生活活动，在职业生活中体现为通过自己力所能及的各种劳动获取物质生活资料的活动，在社会生活中体现为丰富多样的为社会做出应有贡献的公益性活动，在学校学习中体现为与具体的学科知识相联系的实践和动手操作的、能够化知识为能力与智慧的活动。义务劳动教育不是社会、学校或家庭单方面的事情，而是这三个教育渠道相互配合、密切联系、各司其职的整体性教育。

2. 让义务劳动成为一种积极的生存方式

在实践层面，要强化激励性与基础性，让义务劳动成为一种积极的生存方式。义务劳动教育不是刻意、强制的观念和行为，而是依存于自觉意识、自觉追求和自觉行为过程中的。但是，义务劳动教育又无时不在、无处不在，它必须渗透到教育的各个环节、各个方面，成为整个教育的基础和归宿。因此，应该把义务劳动的理念和行为渗透到生活、学习、工作的各个环节中，使之成为一种生存方式。

三、学校义务劳动

学校义务劳动一般是指根据学校活动的需要，招募一批有责任感的志愿者协助学校组织活动，主要是学生日常生活和学习方面开展的服务和活动，包括一些公益活动或兴趣活动的策划和组织、为公益项目开展义卖活动、旧衣捐赠等活动。

四、社会志愿活动

志愿服务是指志愿者组织及其个人在不求回报的情况下，为改善社会、促进社会进步而自愿付出个人的时间及精力所做出的服务工作。

（一）志愿服务的分类

志愿服务主要包括以国家政策为导向的志愿服务，如大学生志愿服务西部计划等；由政府职能机构、事业单位等组织的官方志愿服务，如奥运会志愿服务等；由民间自发组织开展的志愿服务，如地球村、绿家园志愿者等。

（二）志愿者的基本条件

共青团中央、中国青年志愿者协会颁布的《中国注册志愿者管理办法》对注册志愿者的基本条件作了如下规定：

第一，年满十八周岁或十六至十八周岁以自己劳动收入为主要生活来源者；十四至十八周岁者，须经其法定代理人同意；未满十八周岁的在校学生申请注册的，按所在学校有关规定办理。

第二，具备参加志愿服务相应的基本能力和身体素质。

第三，遵守国家法律法规和注册机构的相关规定。

（三）志愿者的权利

参加志愿服务活动；接受必要的培训，获得志愿服务活动真实、必要的信息；获得从事志愿服务的必需条件和必要保障；优先获得志愿者组织和其他志愿者提供的服务；对志愿服务工作提出意见和建议；相关法律、法规、政策所赋予的权利；可申请取消注册身份。

（四）志愿者的义务

（1）遵守国家法律法规及团组织、志愿者组织的相关规定。

（2）每名注册志愿者应至少选择参加一个志愿服务项目或活动，每年参加志愿服务时间累计不少于20小时。

（3）履行志愿服务承诺，按时完成志愿服务项目或活动，积极传播志愿服务理念。

（4）自觉维护团组织、志愿者组织和志愿者的形象。

（5）在志愿者职责范围内尊重并保护服务对象的合法权益。

（6）自觉抵制任何以志愿者身份从事的营利活动或其他违背社会公德的行为。

（7）依法应当承担的其他义务。

（五）志愿服务的领域

经过几十年的发展，目前志愿服务的主要领域包括扶弱济困、助学支教、助老助残、社区服务、生态建设、大型活动、抢险救灾、社会管理、文化建设、公益宣传、西部大开发、海外服务等。助学类志愿服务的一般工作主要为参与收集调查经济困难学生资料、整理经济困难学生资料、宣传助学活动、募集助学款、助学后续工作跟进等。助残类志愿服务主要包括宣传全社会公众平等对待残疾人、协助残疾人学习基本生活技能、促进减少社会公众与残疾人的交流障碍等。环保类志愿服务包括环境保护宣传工作及一些身体力行的环境保护活动开展等。社会公益类志愿服务一般包括献血、遗体捐赠、戒毒等宣传。

知识链接

中国青年志愿者标识

2020年4月，为进一步规范“心手标”（见图4－13）的使用，中国青年志愿者协会发布《中国青年志愿者标志基本规范》，对“心手标”的使用规范、管理要求、监管责任、制作标准等作出规定。

中国青年志愿者标志通称“心手标”，其整体构图为心的造型，同时是英文“青年”第一个字母Y；图案中央既是手，也是鸽子的造型，寓意青年志愿者向需要帮助的人们奉献一份爱心，伸出友爱之手，立足新时代、展现新作

图4－13 中国青年志愿者标识

为，弘扬奉献、友爱、互助、进步的志愿精神，以实际行动书写新时代的雷锋故事。

（六）志愿者自我修养

1. 服务心态——志愿者的三种动机

（1）第一类是自我取向，参与者看重个人学习与成长，期望获取个人内在的满足感。

（2）第二类是人际取向，参与者看重他人和团体的影响，他们的目的是结识朋友，获得他人的肯定。

（3）第三类是情境取向，他们参与志愿服务是为了回应社会责任，并获得社会的认可。

2. 自我期待——志愿者的三层境界

（1）第一层：帮助别人，快乐自己。在帮助别人后，看到别人获得快乐自己，也因此变得快乐。这是初为志愿者最深最直接的感受。

（2）第二层：身为志愿者，心是志愿者。不论身在何处，不管人到哪里，离开了服务场所也时刻关注身边需要帮助的人，为他们提供帮助，服务社会。

（3）第三层：传递爱心，传播文明。把关怀带给社会，传递爱心，传播文明，让这种“爱心”和“文明”从一个人身上传到另一个人身上，最终汇聚成一股强大的社会暖流。

3. 自我提高——志愿者应有的素质

对于服务对象要有爱心、有耐心、言而有信、善于聆听、保护对方的隐私。

对于志愿工作，要善用时间、灵活多变、积极主动、有责任心、知难而进，认真履行服务承诺，尽职尽责完成工作。

对于志愿团体或机构，服从上级安排、虚心听从组织意见、富有团队精神、诚实守信。

五、公益宣传服务

公益宣传涉及的种类较多，有生态环境保护、弱势群体帮助、动物保护、防灾赈灾、科学普及、公益创业、社区发展、研究咨询、就业与创业、健康问题咨询、儿童成长、禁毒教育、知识传播、公共福利、社会援助、爱心募捐、社会治安、消防安全等。中职生在进行公益宣传时要注意以下问题：

（1）选择自己感兴趣或擅长的领域，最好与自己的专业相关。

（2）选择正规公益组织。

（3）采用合法的流程。

（4）注意保护自己。

实践活动

职业劳动体验

父母工作不易，忙里忙外，请同学们根据实际情况，开展“我跟父母换一天岗”的职业劳动体验，或到单位体验父母工作，或在家帮父母做家务，感受劳动的甘苦。

一、活动主题

“我跟父母换岗”职业劳动体验。

二、活动要求

各班进行本班同学父母职业、岗位情况的调查统计，了解他们在各自工作岗位上需要完成的劳动项目，并结合每个同学的职业目标，自愿组成活动小组，体验不同劳动者在工作岗位上辛勤劳动的一天。

三、活动时间

____

四、活动地点

____

五、活动准备

（1）设计并印发体验之旅活动方案。

（2）召开“劳动体验之旅”任务布置会。

（3）各班进行本班同学父母职业的调查统计，自愿组成体验活动小组。

（4）家长填写劳动体验活动知情同意书。

六、活动实施

以劳动体验小组为单位，前往体验单位进行为期一天的实践活动，小组协作完成以下任务：

（1）全程跟随劳动体验单位的一个人，记录工作内容和典型工作事件。建议小组每位成员分别跟随不同的人做记录。

（2）进行亲身劳动体验。在征得体验单位同意的情况下，完成力所能及的任务，在实践体验中对该职业进行深入探索，对自身未来职业发展进行思考。

（3）以小组为单位完成见习或体验任务后，每人撰写一份不少于500字的总结。

（4）体验日当天，对劳动体验单位的一名工作者进行访谈，以小组为单位完成访谈记录，回来后整理成电子版访谈记录。

每组安排一人负责拍摄小组进行劳动体验时的照片，并选择其中清晰的2～5张（照片中有一张须是小组全体成员在体验单位的合影），整理成图片加文字说明并形成电子版记录。

七、成果展示

（1）以班会形式召开劳动体验之旅分享会。

（2）将学生劳动体验的优秀成果以展板形式在全校范围展示。

八、活动评价

活动结束后，认真填写活动评价表（见表4－5）。

表 4-5 “我跟父母换岗”职业劳动体验活动评价

姓名		日期	
劳动地点			
劳动任务			
内容及要求			
劳动流程			
劳动体会			
劳动图片			
评价细则			
项目	优秀（10♥）	良好（8♥）	合格（6♥）
按时出勤到岗			
听从指挥、部署			
团结同伴			
劳动态度端正			
服务礼仪规范			
乐观			
工作积极、有担当			
工作认真仔细			
能吃苦耐劳			
服务热忱、恳切			
合计			
劳动时长		证明人	

项目五 保护劳动安全

项目概述

“生命至上，安全第一”。安全是人类最重要和最基本的需求，是人们生命和健康的基本保障。劳动安全是指在劳动生产过程中，保障劳动者人身安全和健康，包括防范事故伤害，减少职业病发生，改善工作环境等方面。劳动安全不仅关乎着每个劳动者的生命安全和身体健康，也影响着社会的稳定和可持续发展。本项目将介绍常见事故的种类及防范措施，应急事故的处理及相关急救常识，呼吁关注职业健康和环境保护，树立劳动安全意识，更好地维护个人生命安全和身体健康。

学习目标

目标维度	具体内容
知识目标	1. 了解安全标志和危险源。 2. 掌握安全防范措施。 3. 了解职业病及其分类。 4. 掌握绿化环保行动的要点和践行低碳校园生活的方法。
能力目标	1. 能排除常见安全事故隐患。 2. 能对常见事故进行应急处理。 3. 提高个人应对突发事件的能力，增强自我保护和自我救护的能力。 4. 提升职业病防护意识和防护技能。
素养目标	1. 积极助力健康中国建设。 2. 全方位、全地域、全过程加强生态环境保护。

榜样引领

一针一线织就航天员回家之路

“回家”这两个字，写在航天科技集团五院508所降落伞加工中心的墙上，也刻在每个508所回收人的心里。护佑航天员回家的这条路，是牛国永和该所降落伞研制团队一针一线织就出来的。

走进508所的降落伞研制中心，20多名缝制工“埋”在一堆红色和白色的伞布中，紧张有序地进行降落伞的缝制。牛国永正屏气凝神地操作着缝纫机，只见他手脚配合，快速转动缝纫机，随着“哒哒哒”的声响，熟练地移动手中的伞衣，控制着针脚密度，一针一针精确无误地落到指定位置。

“神舟”飞船返回舱降落伞是用特殊的纺织材料做成的，虽薄如蝉翼，却非常结实。它的缝制也很特别，远看它是一块整布，近看它是由1 900多片伞衣像鱼鳞一样连接而成的——将这些伞衣拼接成大伞，靠的就是牛国永和团队成员手里的针和线。大伞上有1 900多片伞衣，在有限空间里，既要保证线迹质量、长度尺寸一致，又要保证不丢掉任何一片伞衣，需要特别认真、特别仔细，如果伞衣漏缝了，这个降落伞也就做不成了。伞绳的缝制工艺也很讲究，先去除应力，通过预加载荷裁剪再缝纫，满足线迹密度等要求。

缝制完成的“神舟”主伞足足有1 200平方米，全部展开后可以覆盖三个篮球场，晾伞时伞衣能从10层楼高的晾伞大厅顶部垂直到距地面1米左右。将这样一个“庞然大物”装进仅有200升容量的伞包，需要包伞师傅们的巧手与航天科技的绝佳融合。包伞的过程有几十道工序，每一步都是不可逆的。需要八九名工作人员同步协作，一层一层叠好，借助压力包伞机进行压制，再叠，再压……直到把所有的伞衣全部平坦整齐地放进伞包。

伞衣折叠完成后开始梳理伞绳。“神舟”主伞一共有96根伞绳，每根伞绳的长度近50米，将如此多、如此长的伞绳理顺，也是有“绝招”的，这是保证降落伞打开时，伞绳拉出过程中不打结、不缠绕的关键。

大缝成伞，精缝成匠。牛国永在长期的工作中已经形成肌肉记忆，每向前移动一次伞衣，都要精准地控制缝纫尺寸。他说：“每厘米要缝多少针经过严格测试，都有精确的数据要求，一分一毫都不能差。降落伞是飞船返回舱着陆时重要的减速装置，能否成功打开关系着航天员的生命。航天员把生命交到我们手上，我们就得对生命负责！”

“技能报国，奋斗有我。”牛国永动情地说，“如今，经过一代一代的传承，年轻一代从老一辈航天人手中稳稳接过事业的接力棒，也接过精神传承的接力棒。我们要继续努力奋斗，做好每一件事，续写属于航天回收人的史诗。”

资料来源：代丽丽，王琪鹏，李博，安然. 矢志奉献 青春飞扬（2022－05－04）[2025－06－19]. https://news.bjd.com.cn/2022/05/04/10081086.shtml. 有改动.

劳动箴言

我觉得人生求乐的方法，最好莫过于尊重劳动。一切乐境，都可由劳动得来，一切苦境，都可由劳动解脱。

——李大钊

任务一　常见事故及其防范

劳动创造美好生活，安全是美好生活的基本保障。学生在积极参加劳动的同时，要增强安全意识，加强安全保障、提升安全技能。生命对于每个人来说都只有一次，保护劳动安全既是对自己负责，也是对家人负责。

一、安全标志识别和危险源识别

（一）安全标志识别

安全标志是用于表达特定安全信息的标志，由安全色、图形符号、几何形状（边框）或文字构成，具体内容可以查阅《图形符号安全色和安全标志》等国家标准。职场中常见的安全标志有以下几种。

1. 安全色

安全色是传递禁止、警告、指令、提示等安全信息的颜色，包括红色、黄色、蓝色、绿色 4 种。安全色用途广泛，主要用于安全标牌、交通标志牌、防护栏杆及设备机器等。我国规定红色、黄色、蓝色、绿色 4 种颜色为全国通用安全色，安全色及其对比色的含义与用途举例如表 5－1 所示。

表 5－1　安全色及其对比色的含义与用途举例

安全色	对比色	含义	用途举例	标识*举例
红色	白色	禁止、停止、危险、消防	各种禁止标志、交通禁令标志、消防设备标志、设备上的停止按钮、刹车及停车装置的操纵手柄、仪表刻度盘上极限位置的刻度、各种危险信号旗等	 禁止吸烟
黄色	黑色	警告、注意	各种警告标志、道路交通标志、标线警告标志、警告信号旗等	 当心吊物
蓝色	白色	指令、必须遵守	各种指令标志、道路交通标志和标线指示标志	 必须戴防护手套
绿色	白色	安全	各种提示标志、机器启动按钮、安全信号阀、急救站、疏散通道、避险处、应急避难场所等	 紧急出口

* 本书标识没有采取彩色印刷，以实际生活中的标识颜色为准。

2. 安全线

安全线是为维持秩序、保证安全，采用画线或拉线的方法确定的禁止越过的边界线。

3. 文字辅助标志

文字辅助标志常见于安全标志下方的矩形边框，用文字表达特定的安全信息，有横写和竖写两种形式。

（二）危险源识别

危险源是指一个系统中具有潜在能量和物质，可能引发危险的，可造成人员伤害、财产损失或环境破坏的，在一定的因素作用下可转化为事故的区域、岗位和设备等。危险源识别就是辨识可能造成人员伤亡或物品突发性损害的危险因素，并确定危险源特性的过程。危险因素的辨识是确定危险因素的存在及其大小的过程。危险源识别能提前对危险因素进行预防，确保生产的安全、稳定。

危险因素分为能量、有害物质和失控 3 种类型。

1. 能量

一切产生、供给能量的能源和能量的载体在一定的条件下都可能是危险因素，都可能造成人员伤亡或财产损失。

2. 有害物质

有害物质在一定条件下会对人体、设备、物品产生损害。

3. 失控

由生产安全装置和辅助设施故障、人员失误、管理缺陷，以及温度、风雨雷电、照明等环境变化引起的失控状态，在一定的条件下都可能成为危险因素。

二、排除常见安全事故隐患

综合考虑起因物、引起事故的诱导性原因、致害物、伤害方式等，可将危险、有害因素分为物体打击、车辆伤害、机械伤害、起重伤害、触电、淹溺、灼烫、火灾、高处坠落、坍塌、中毒和窒息、各类爆炸等。

（一）物体打击

物体打击事故是指失控的物体在惯性力或重力等其他外力的作用下产生运动，如落物、滚石、锤击、碎裂、崩块、砸伤等打击人体而造成的人身伤亡事故。日常生产作业过程中，物体打击会对作业人员的人身安全造成威胁、伤害，甚至导致死亡。因此，在劳动施工现场等地方应按规定佩戴安全帽；应在规定的安全通道内出入和上下；作业设备、物料应摆放整齐；注意高处作业和交叉作业时坠物伤害发生。

（二）车辆伤害

车辆伤害是指企业机动车辆在行驶中引起的人体坠落和物体倒塌、下落、挤压造成的伤亡事故。如机动车辆在行驶中的挤、压、撞车或倾覆等事故，在行驶中上下车、搭乘矿车或放飞车所引起的事故，以及车辆运输挂钩、跑车事故。企业机动车辆较多，作业环境复杂，驾驶者的违章、疏忽，或者车辆超载、道路环境差等都会引起车辆伤害事故发生。因此，在车辆作业时应注意规范行驶，尽量做到作业标准化、现场环境标准化。

（三）机械伤害

机械伤害是指机械设备与工具引起的绞、辗、碰、割、戳、切等伤害。如工件或刀具飞出伤人，切屑伤人，手或身体被卷入，手或其他部位被刀具碰伤，被转动的机构缠压住等。当发现有人被机械伤害的情况时，虽及时紧急停止，但因设备惯性作用，仍可造成致命性伤害，甚至导致身亡。因此，在操作机械设备时要规范操作、注意及时检修设备，设置紧急制动装置，掌握相应急救知识，将事故损失降到最小。

（四）起重伤害

起重伤害事故是指在进行各种起重作业（包括吊运、安装、检修、试验）中发生的重物（包括吊具、吊重或吊臂）坠落、夹挤、物体打击、起重机倾翻、触电等事故。常见的起重机械作业伤害事故原因有：超重起吊、吊绳磨损或断丝、吊物失衡、吊物下站人等。为预防事故发生，起重机械必须安装必要的安全防护装置，还要定期进行检验，维修和保养起重机械，及时发现问题。

（五）触电

人体是导体，当人体接触到具有不同电位的两点时，由于电位差的作用，会在人体内形成电流。这种现象就是触电。如人体接触带电的设备金属外壳或裸露的临时线，漏电的手持电动手工工具；起重设备误触高压线或感应带电；雷击伤害；触电坠落等电流流经人体，造成生理伤害的事故。触电伤亡事故一般由于作业人员违章、误操作，电气设备制造不良或运行中出现故障，电气设备安装不合格等原因造成。电气作业人员必须提高警惕，规范操作。强化防触电事故教育，提高全员防触电意识；健全安全用电制度；严禁无证人员从事电工作业；使用电气设备要严格执行安全规程。

（六）淹溺

淹溺是因大量水经口、鼻进入肺内，造成呼吸道阻塞，发生急性缺氧而窒息死亡的事故，包括在船舶、排筏、设施在航行、停泊、作业时发生的落水事故。例如污水处理运营人员和相关检修人员由于工作需要，必须经常在污水池上巡检或检修。预防溺水事故，应在作业安排时，实行双人巡检和检修；临边作业人员一定要系好安全带；作业人员应了解溺水急救常识。

（七）灼烫

生产中的高温介质或者设备产生的高热，生产和使用的各种高温物料（水、汽、烟气、高温介质等），因设备、管网、阀门等承压部件泄漏，隔热保温不好时，会发生烫伤事故，如强酸、强碱溅到身体引起的灼伤，或因火焰引起的烧伤，高温物体引起的烫伤，放射线引起的皮肤损伤等事故。这类事故由于事发突然，作业人员来不及防备，所以往往后果较为严重。因此，作业时一定要加强设备管理，减少泄漏的发生，这是避免灼烫事故的重要预防措施。作业人员必须熟悉操作规程、安全注意事项，了解所接触化学物品的物理和化学特性，掌握化学物品与人体接触可能造成的灼伤和灼伤后的处理方法，做好个人防护。

（八）火灾

在日常工作和劳动中涉及的一般是造成人身伤亡的企业火灾事故。工厂企业人员密度大，用电量大，易燃可燃材料多，容易发生火灾事故。工厂企业消防安全历来是火灾防控的重点。企业应落实安全主体责任，规范消防培训，定期维护保养消防设施，保证消防通道畅通，以减少火灾事故发生及人员伤亡。

（九）高处坠落

高处坠落是指人由站立工作面失去平衡，在重力作用下坠落引起的伤害事故，如脚手架、平台、陡壁施工等高于地面的坠落，山地面踏空失足坠入洞、坑、沟、升降口、漏斗等情况。通常在有高低差的作业环境，由于在高位的物体处置不当，容易出现物体坠落伤人的情况。因此，在生产作业时应谨慎操作，及时沟通，按规定佩戴安全帽。

（十）坍塌

坍塌是建筑物、构筑物、堆置物等倒塌以及土石塌方引起的事故。如因设计或施工不合理而造成的倒塌，以及土方、岩石发生的塌陷事故；建筑物倒塌，脚手架倒塌，挖掘沟、坑、洞时土石的塌方等情况。以管道土方坍塌事故为例，开挖前，应对管沟进行检查验收，排查可能存在的各类安全隐患；严格按照技术要求开挖管沟，经审批之后再进行作业，保证安全；制定坍塌应急救援预案，防范事故发生。

（十一）中毒和窒息

人接触有毒物质，如误吃有毒食物或呼吸有毒气体引起的急性中毒事故，或在废弃的坑道、暗井、涵洞、地下管道等不通风的地方工作，因为氧气缺乏，有时会发生突然晕倒，甚至死亡的事故称为窒息。两种现象合为一体，称为中毒和窒息事故。作业人员在进入有限空间进行作业前，一定要做好相应的安全准备。做到“先通风、再检测、后作业”；配备个人防中毒窒息等防护装备，并确保装备完好可用。

（十二）各类爆炸

爆炸是物质在极短时间内，释放出大量能量，产生高温，并放出大量气体，在周围介质中造成高压的化学反应或状态变化，同时破坏性极强。常见的爆炸事故有瓦斯爆炸、火药爆炸、锅炉爆炸、容器爆炸以及其他爆炸。发生爆炸得满足三个要素：一要有易燃性物质；二要达到爆炸极限；三要达到着火点。防范爆炸事故应定期巡检，提前发现或预测到爆炸源头，加大对环保设施的投入，落实关于爆炸管理的规范标准。

三、安全防范措施

由于学生安全意识薄弱、学校与企业安全教育和安全管理不到位等因素，职业院校学生有时发生实习事故。在实习与工作期间，中职学生应牢固树立“安全第一”的思想，严格遵守安全要求，提高自我防范意识，对一些可能发生的安全事故，做到防患于未然，将事故消灭在萌芽状态，保证个人及生产安全。

（一）树立安全意识

中职学生要树立安全意识、安全观念，严格遵守岗位操作规程，严防工作责任事故和人身安全事故的发生。树立自我防范意识，对安全隐患要有心理准备。早预案，做好自我保护，尽量避免不安全因素对自身的伤害。不安全事故的发生有些是没有预兆的，中职学生要有面对突发事件的应变意识。在最短的时间内做出判断，第一时间采取措施帮助自己和别人脱离危险，而不是因为害怕、应变能力不够而丧失逃生和减少损失的机会。

（二）遵守劳动纪律

企业规章制度是企业对生产技术经济活动所制定的各种规则、章程、程序和办法的总称，主要包括生产技术规程、管理工作制度和各种责任制度。中职学生要认真对待岗前培训，了解岗位的要求，认真学习、规范遵守实习企业的规章制度和实习岗位的岗位职责，严格实行持证上岗，避免违规违纪行为。

案例点评

安全品质的榜样

石健是中国铁路沈阳局集团有限公司沈阳工务机械段锦州机筛车间的一名普通的司机。他安全驾驶 36 000 千米，创造了连续 15 年无违章、无违纪、无安全事故发生的“三无”纪录，获得火车头奖章、总公司“优秀共产党员”、集团公司党委“三无”明星等诸多荣誉和称号。“没有安全，就没有一切”，这是石健的工作信条。为此，他始终保持着一个习惯：早起一个小时记标准、背规章；晚睡一个小时钻研理论、研究电路。他反复研读了《大型养路机械使用管理规则》等 10 余本有关安全技术的书，写了大量的读书笔记。为彻底改变 QS01 清筛机的设备状况，他带领机组人员从日常保养入手，不断加大设备隐患排查力度，彻底“治愈”了 QS01 清筛机设备老化严重、故障率高的“老年病”。多年来，石健不断摸索清筛机、捣固车等车型的实际操作规律和故障处理方法，先后成功排除各类故障 800 多个，他首创的“常见故障记账法”、发动机故障“救命管”

在全段推广，为保证大型养路机械安全使用发挥着重要作用。石健经常对徒弟们说，只有秉承工匠精神，做到精益求精、一丝不苟，才能保证作业质量和安全。他要求徒弟们做到“四个不行”，即规章记不牢不行、图纸认不全不行、数据记不准不行、动作不标准不行，经过他言传身教、严格调教带出来的30余名技术骨干，成了各个岗位上的行家里手。

资料来源：搜狐网. 石健：连续15年实现“三无”的大机司机.（2018－09－30）[2025－06－19]. https://www.sohu.com/a/257221081_719356. 有改动.

点评：石健的“三无”纪录，来自他强烈的安全意识和良好的安全习惯。他是新时代展现安全品质的榜样，他在工作中始终坚持安全第一的原则，坚守着确保安全的初心，严谨对待每一项作业。正是千千万万个“石健”，保证了我国铁路的运行安全。

任务二 事故应急处理

在劳动过程中会遇到多种紧急事故，劳动者应该掌握必要的应急救援知识和逃生手段，在事故的发生时才能最大限度地减少人员伤亡和财产损失。火灾、触电是劳动过程中常见的事故类型，掌握常见事故的应对方法及创伤处理知识和技能，可以提高个人应对突发事件的能力，增强自我保护和自我救护的能力。

一、火灾

（一）火灾的危害

在劳动过程中发生火灾可能导致工作人员伤亡，同时会对企业的设施、设备等财产造成影响。火灾也会导致企业生产中断，影响企业的经济效益，甚至对企业的形象和声誉造成影响。因此，企业火灾比单个居民火灾的波及面更大，我们在岗位劳动的过程中一定要注意遵守操作规范，以防火灾事故发生。

火灾对人体的危害主要包括烟和各种燃烧产物。烟气是造成人员伤亡的主要原因，是扩大火灾的主要载体，是影响灭火行动的最大障碍。据统计，因火灾死亡的人数中80%以上是由于吸入毒性物质而致死。火灾产生的各种燃烧物中含有大量的有毒成分，它们对人体有不同程度的危害。

（二）火灾的引起因素

与居民火灾因电气故障、乱用明火等引起不同，企业火灾通常由多种因素引起，如不良的用电设施、易燃液体存储、生产过程中存在的高温设备、不当操作等。预防企业火灾需要从各个环节入手，采取有效措施降低火灾风险。例如，加强消防安全意识和培训，制定应急预案和演练计划，加强监测设备和消防设施建设，合理规范生产过程等。

如果企业发生火灾，应迅速启动应急预案，采取快速、有效的措施进行处置，尽可能减少人员伤亡和财产损失。同时，对火灾原因进行调查和分析，总结经验教训，加强火灾预防和管理工作，防患于未然。

（三）火灾应急处理

在火灾发生后，要第一时间拨打火警电话或向消防部门报警，并提供准确的火灾现场地址和情况。要迅速疏散人员，通知员工、客户等人员立即疏散，避免造成人员伤亡。同时按照预案安排进行组织和指挥撤离。切断电源，关闭与火灾有关的电源和设备，以防止火势扩大和电击事故的发生。火灾常用逃生方法详见表 5－2。

表 5－2 火灾逃生方法

种类	具体内容
湿毛巾捂鼻法	用湿毛巾等物品捂住嘴巴和鼻子，尽量防止烟尘的吸入。因为火灾释放出来的烟尘废气中往往含有大量的一氧化碳，有很大的毒性，一旦吸入过多会出现咽喉发麻、头脑昏沉的症状，很容易使人失去逃生的意识和力量。同时，不要顺着风逃生，应尽量走那些火势不容易蔓延的地方。要尽量弯着腰走，因为烟尘都飘浮在上空。
毛毯隔火法	将毛毯等织物钉或夹在门上，并不断往上浇水冷却，以防止外部火焰及烟气侵入，从而可以抑制火势蔓延的速度、增加逃生时间。
棉被护身法	用浸湿的棉被（或毛毯、棉大衣）披在身上，确定逃生路线后用最快的速度直接钻进火场并冲到安全区域，千万不可用塑料或丝织物作为保护物。
卫生间避难法	一旦逃生出口被封死，就要寻找躲藏地点，卫生间是一个很好的地点。因为卫生间有水源，且湿度较大，火势不容易蔓延进来。同时还可以将水泼在卫生间门外的地上，从而阻止火势向里面蔓延，也可以选择在阳台或者窗口等比较容易让人看到的地方，用呼喊、彩布条或电筒等发出求救信号。
被单拧结法	把床单、被罩或窗帘等撕成条并拧成麻花状，如果长度不够，可将数条床单等连接在一起，用绳索逃生的方式沿外墙爬下，但要切实将床单等绑紧扎实，避免其断裂或接头脱落。
跳楼求生	火场上切勿轻易跳楼，但住在低楼层的居民在紧急情况下可采取该方式。先将床垫、沙发垫等抛下作为缓冲物，并使身体重心尽量放低，做好准备后再跳。此外，也可以使用救生绳进行逃生。

在火灾扑灭后，对受损设施和财物进行清点损失评估，并采取必要的安全隐患排查和整改措施。对火灾原因进行详细的调查和分析，总结经验教训，完善应急预案和管理制度。在进行企业火灾应急处理时，应严格按照相关法规和标准进行操作，统筹安排和组织好各项救援工作，以最大限度地减少人员伤亡和财产损失。

二、触电

在企业生产作业过程中，电器设备故障、维修保养不到位、安全设备不规范或人为操作不当等因素，都会导致触电事故的发生。当触电事故发生时，触电者的生命能否获救，在绝大多数情况下取决于其能否迅速脱离电源，以及被正确地施行口对口人工呼吸和胸外心脏按压。拖延时间，动作迟缓或救护不当，都可能造成触电者伤亡。

（一）脱离电源的方法

发生触电事故时，附近有电源开关和电流插销时，应立即将电源开关关闭或拔出插销，切断电源。当有电的电线触及人体引起触电，不能采用其他方法脱离电源时，可用绝缘的物体（如干燥的木棒、竹竿、绝缘手套等）将电线移开，使人体脱离电源。必要时可使用绝缘工具（如带绝缘柄的电工钳、木柄斧头等）切断电线，以切断电源。应防止人体脱离电源后造成的二次伤害，如高处坠落、摔伤等。对于高压触电，应立即通知有关部门停电。高压断电时，应戴上绝缘手套，穿上绝缘鞋，用相应电压等级的绝缘工具拉开开关。

（二）紧急救护基本常识

若触电者有心慌、四肢发麻、全身无力的症状或触电者在触电过程中曾一度昏迷，但已清醒过来，应让触电者安静休息、不要走动，严密观察，必要时送医院诊治。

触电者已经失去知觉，但心脏还在跳动，还有呼吸，应使触电者在空气清新的地方舒适、安静地平躺，解开妨碍呼吸的衣扣、腰带。如果天气寒冷要注意保持体温，并迅速请医生到现场诊治。

如果触电者失去知觉，呼吸停止，但心脏还在跳动，应立即进行口对口人工呼吸，并及时请医生到现场。

如果触电者呼吸和心脏跳动完全停止，应立即进行口对口人工呼吸和胸外心脏按压急救，并迅速请医生到现场。

（三）心肺复苏操作流程

心肺复苏是最重要的急救知识技能，是在人生命垂危时需采取的行之有效的急救措施。心肺复苏适用于由多种原因引起的呼吸、心搏骤停的伤病员，如急性心肌梗死、严重创伤、电击伤、挤压伤、踩踏伤、中毒、溺水等。

实施心肺复苏的操作流程如下：

（1）拍打肩部，判断意识。

（2）准备翻转体位。

（3）保护头颈部，翻转为仰卧位。

（4）检查颈动脉，判断心跳。

（5）进行胸外心脏按压，双臂绷直，按压 30 次。

（6）用仰头举颏法开放气道。

（7）口对口人工呼吸 2 次。

（8）以胸外心脏按压 30 次与人工呼吸 2 次为一周期进行操作，持续 2 分钟。

（四）注意事项

处理电击伤时，应注意有无其他损伤。例如，触电者触电后弹离电源或自高空跌下，常会并发颅脑外伤、血气胸、内脏破裂，以及四肢和骨盆骨折等。

现场抢救中，不要随意移动触电者，若确需移动时，抢救中断时间不应超过 30 秒。移动触电者或将其送往医院时，应使触电者平躺在担架上并在背部垫以平硬的木板。在医务人员接替前，应继续抢救。

对电灼伤的伤口或创面不要用油膏或不干净的敷料包敷，而应用干净的敷料包扎，或送医院后由医生处理。

三、常见创伤处理

常见创伤的类型包括擦伤、挫伤、切割伤、碎骨或骨折、关节扭伤或脱位和烧伤或冻伤等。面对不同类型的创伤，需要采取相应的处理措施。

（一）擦伤

皮肤表面被摩擦或刮伤，通常不会引起出血，但可能导致轻微的疼痛和不适。擦伤后可以用清水冲洗受伤部位，轻轻擦拭干净，涂上抗菌药膏或覆盖敷料。

（二）挫伤

挫伤即软组织受到撞击或挤压，常伴有疼痛、肿胀和瘀血等症状。挫伤后应冷敷受伤部位，以缓解疼痛和肿胀；若疼痛较重，可口服止痛药或使用外敷止痛贴。

（三）切割伤

皮肤被尖锐物体割开，会出现明显的创口和出血，部分较深的切口需要进行缝合处理。用流动清水彻底清洗伤口，包扎止血，并前往医院进行进一步处理。如果切口较深，则需进行缝合处理。

（四）碎骨或骨折

骨头遭受外部暴力而断裂或破碎，疼痛、局部肿胀、畸形、活动障碍是其主要症状。碎骨或骨折后应立即停止运动或活动受伤部位，并固定伤处，前往医院进行检查和进一步治疗。

（五）关节扭伤或脱位

关节因超过正常极限的运动而发生拉伤或脱位，疼痛、关节肿胀、活动障碍是其主要症状。应立即停止运动或活动受伤部位，冷敷受伤处，半小时后再热敷，并前往医院进行进一步处理。

（六）烧伤或冻伤

皮肤与热源或寒冷物质长时间接触所造成的损伤，可能会引起红肿、疼痛、水疱、坏死等症状。烧伤或冻伤后要避免接触热源或寒冷物质，用流动清水冲洗受伤部位，或用湿毛巾覆盖。对于严重烧伤或冻伤，需要紧急送医治疗。

在进行创伤处理时，应遵循清洁、止血、缝合和防感染的原则，并注意个人卫生和安全。如果创伤比较严重或者处理不当，可能会导致感染和其他后遗症，因此建议尽早到医院接受专业治疗。常见的外伤止血方法和包扎方法详见表 5－3 和表 5－4。

表 5－3　外伤止血的常用方法

常用方法	具体内容
直接压迫法	直接压迫法也称为指压止血法，适合于头面部及肢体无异物的伤口出血。施救者首先检查伤口有无异物，如无异物，将干净的纱布垫或手帕等放在伤口的出血部位，然后直接用手指按压，如果血液渗透了按压在伤口上的纱布垫，不用管它，继续施压，不要更换纱布垫；也可以直接用手指按压出血处，或者将手指压在伤口近心端的动脉之上，向骨骼的方向用力施压。保持压力 15 分钟以上，不要时紧时松。
加压包扎法	加压包扎法适用于肢体末端较轻的、无异物的出血。用绷带及类似的条状物用力缠绕伤口，固定以后要检查手指或脚趾末端的血液循环情况，若出现青紫、发凉，说明绷带扎得过紧，要松开重新包扎。
间接压迫法	间接压迫法适用于有异物（如匕首、碎玻璃片等）的伤口。首先在伤口周围垫上干净的纱布垫，再用绷带加压包扎。
填塞止血法	填塞止血法适用于伤口较深的严重出血及大动脉、大静脉出血。先将纱布垫及类似物直接塞到伤口内，再用绷带加压包扎。
抬高伤处法	在可能的情况下，将伤处抬高至心脏位置以上，可减慢出血速度。
止血带止血法	适用于四肢大动脉出血。
用冰冷敷法	用冰冷敷能促使血管收缩并减少流血，可以用碎冰或冰毛巾冷敷患处，适用于鼻子等部位出血。另外，如果伤口比较小，出血量比较少，可以清理伤口后贴上创可贴，可快速止血。

表 5－4　常用的包扎方法

包扎方法	具体内容	图例
环形包扎法	环形包扎法是最基本也是最常用的包扎方法，适用于肢体粗细较均匀伤口的包扎。 第一圈环绕时，绷带稍作斜置，以后环绕时每一圈压住前一圈的绷带，这样包扎更加稳固。此种方法适合于颈部、头部、腿部和胸腹部的小伤口包扎。	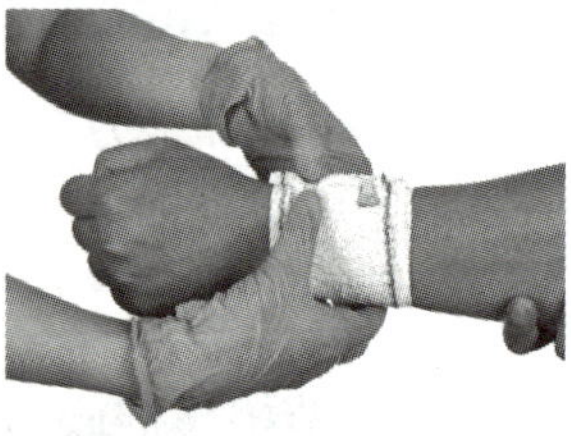
螺旋包扎法	螺旋包扎法适用于四肢、躯干部位的包扎。 用无菌敷料覆盖伤口，先环形缠绕两圈；从第三圈开始，环绕时压住前一圈的 1/2 或 1/3 处，最后用胶布粘贴固定。	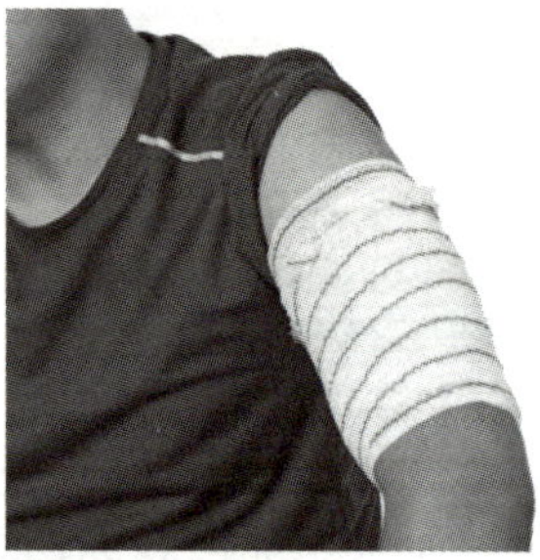

续表

包扎方法	具体内容	图例
螺旋反折包扎法	螺旋反折包扎法用于肢体上下粗细不等部位的包扎，如小腿、前臂等。 先用环形包扎法固定始端，再用螺旋包扎法每圈反折一次；反折时，以左手拇指按住绷带上面的正中处，右手将绷带向下反折，向后绕并拉紧；反折处不要在伤口上。	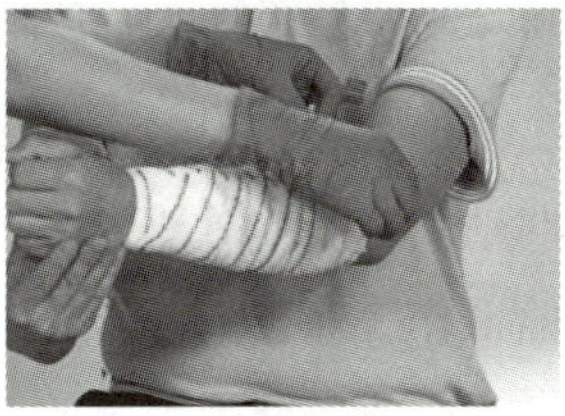
“8”字形包扎法	“8”字形包扎法多用于手掌外伤、足部外伤和足踝扭伤，选用弹力绷带最佳。 用弹力绷带向上包一圈后再向下包一圈，使每一圈都与前一圈相互交叉，并覆盖上一圈的1/2。	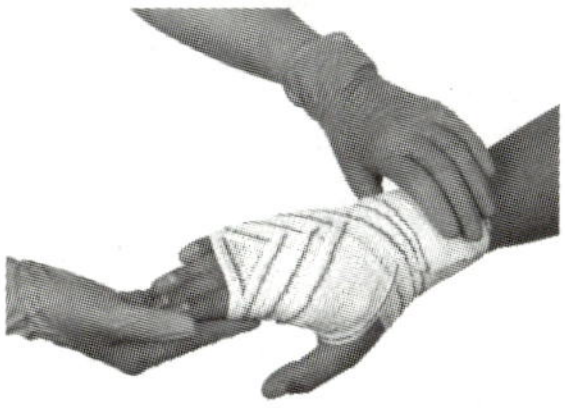
三角巾头部帽式包扎法	三角巾头部帽式包扎法又称头顶帽式包扎。 将三角巾底边折叠约两横指宽，边缘置于伤病员前额齐眉处，顶角向后；三角巾两底边经耳上向后在枕部交叉并压住顶角，再经耳上绕到前额齐眉处打结；顶角拉紧，折叠后塞入头后部交叉处内侧。	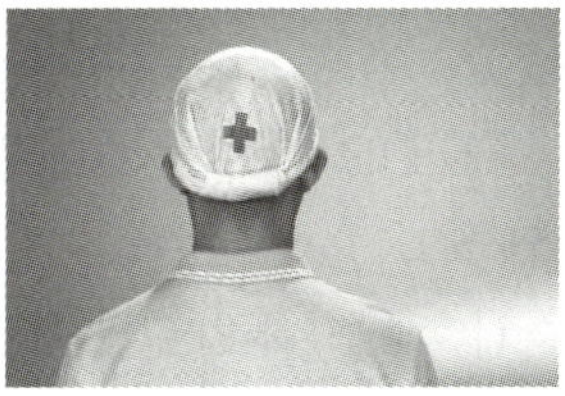

任务三 关注职业健康

工作中存在着各种可能危害职业人群健康和影响劳动能力的不良因素，例如，生产过程中的有毒、有害因素（如生产性粉尘、噪声等），劳动组织或制度不合理，长时间处于不良体位或作业姿势，厂房建筑通风不良等。由于预防不当或技术局限性，职业性有害因素会进一步导致劳动者工伤、职业病、工作相关疾病和早期健康损害等，这些都会对劳动者身心健康和社会发展造成诸多不良影响。

党的二十大报告指出，“把保障人民健康放在优先发展的战略位置，完善人民健康促进政策”。对于劳动者职业健康合法权益的保障和重视，体现了健康中国建设的内容要求，有助于健康中国行动发展战略的统筹推进，符合中国式现代化建设的战略选择。

一、职业禁忌

职业禁忌是指劳动者从事特定职业或者接触特定职业病危害因素时，比一般职业人群更易于遭受职业病危害和罹患职业病或者可能导致原有自身疾病病情加重，或者在从事作业过程中诱发可能导致对他人生命健康构成危险的疾病的个人特殊生理或者病理状态。

（一）体力劳动禁忌

1. 长期保持一个姿势

在工作时长期保持一定姿势，会导致个别身体器官或生物系统因过度紧张而引起疾患。例如，长期从事站姿作业或坐姿作业，特别是站立负重作业，容易导致腰肌劳损；长期站立或行走作业，容易导致下肢静脉曲张；长期从事手指、手掌快速运动或前臂用力地工作，容易引发腱鞘炎；长期从事程序设计、精密仪器加工、焊接等工作，容易造成视觉疲劳、视力下降等。

2. 不良劳动环境条件

高温、寒冷、潮湿、光线不足、空间狭窄等，会增加劳动者的劳动负荷、提高劳动强度，容易产生疲劳和造成损伤。

3. 劳动强度大

劳动时间过长，劳动强度过大，休息时间不够，轮班制度不合理等，也容易形成过度疲劳，造成劳动者身体损伤。

我国的体力劳动强度分级标准，是根据体力劳动强度指数（I）来划分的（见表 5-5），是根据劳动时间（非工作总时间）、能力代谢、性别、体力劳动方式运用公式进行计算的。体力劳动强度指数的数值越大，所对应的体力劳动强度级别也越大。

表 5-5　体力劳动强度分级

体力劳动强度等级	体力劳动强度指数（I）	职业描述
Ⅰ（轻劳动）	$I\leq 15$	坐姿：手工作业或腿的轻度活动（正常情况下，如打字、缝纫、脚踏开关等） 立姿：操作仪器，控制、查看设备，以上臂用力为主的装配工作
Ⅱ（中等劳动）	$15<I\leq 20$	手和臂持续动作（如锯木头等）；臂和腿的工作（如卡车、拖拉机或建筑设备等运输操作）；臂和躯干的工作（如锻造、风动工具操作、粉刷、除草、锄田、摘水果和蔬菜等）
Ⅲ（重劳动）	$20<I\leq 25$	臂和躯干负荷工作（如搬重物、铲、锤锻、锯刨或凿硬木、割草、挖掘等）
Ⅳ（极重劳动）	$I\leq 25$	大强度的挖掘、搬运，快到极限节律的极强活动

（二）脑力劳动禁忌

过度脑力劳动会产生疲劳感，这种疲劳感表现为对工作的抵触。疲劳信号告诉我们，身体需要休息了，需要进行调整和恢复，应该停止工作。如果继续强迫大脑工作，则会加重心理疲劳，造成脑细胞的损伤，或使脑功能发生障碍。在一般情况下，过度脑力劳动会对人体的身心健康造成较大的危害，主要包括以下两个方面。

1. 生理健康失常

长期过度脑力劳动，会使大脑缺血、缺氧、神经衰弱，从而导致注意力不集中，记忆力下降，思维欠敏捷，反应迟钝；睡眠不规律，白天瞌睡，大脑昏昏沉沉，夜晚卧床后大脑却兴奋起来，难以入眠；醒后大脑疲劳不缓解，精神不振。

2. 心理健康失常

上述生理功能的失衡，会造成心理活动失衡，出现忧虑、紧张、抑郁、烦躁、消极、敏感、多疑、易怒、自卑、自责等不良情绪，表面上强打精神，内心充满困惑、痛苦，继而对工作、学习丧失兴趣，产生厌倦感，甚至产生轻生念头。

二、职业病及其分类

职业病是由于长期接触工作环境中的有害因素而引起的一类慢性病，即在特定的职业或从事特定工作时，由于长期接触、吸入、摄入、皮肤接触等途径而引起的慢性疾病和健康损害。

（一）职业病的特点

发病较慢，与长期暴露于有害物质有关，一般在工作几年后才会出现明显的症状；潜伏期长，往往需要数年甚至十几年的潜伏期，发病前没有或仅有轻微的症状；与工作环境有关，职业病多发生在特定的行业、工种或工作环境中，如化学品厂、矿山、冶金等；多为慢性病，大部分职业病是慢性病，难以治愈，只能通过预防控制来降低发病率。

（二）职业病的危害因素

不同行业和工种存在不同类型的危害因素，主要包括以下几个方面：

物理因素：如噪声、振动、辐射、高温、低温等，对工人的听力、视力、肌肉骨骼等造成不同程度的伤害。

化学因素：如有机化学物质、无机化学物质、金属、毒气、粉尘等，可通过吸入、摄入或皮肤接触等多种途径，对呼吸系统、神经系统、肝脏、肾脏等造成危害。

生物因素：如病原体、寄生虫、微生物等，可能引起传染性疾病或过敏反应。

心理因素：如工作压力、心理紧张、焦虑等，可能会导致心理障碍、神经衰弱等问题。

（三）常见职业病分类

我国现行的职业病目录是 2025 年 8 月 1 日正式实施的《职业病分类和目录》。纳入目录的病种，用人单位应当依法落实相应的职业病危害预防控制责任，做好劳动者职业健康管理，最大程度避免或者减少劳动者罹患职业病。没有纳入职业病分类和目录的工作相关疾病，重点是鼓励用人单位为劳动者定期开展健康检查，改善工作环境和条件，开展劳动者健康指导和健康管理，做好工作相关疾病预防知识的科普宣传，提升劳动者防病意识和防病技能，实现不得病、少得病的目标。

知识链接

职业病分类和目录

一、职业性尘肺病及其他呼吸系统疾病

（一）尘肺病

1. 矽肺
2. 煤工尘肺
3. 石墨尘肺
4. 碳黑尘肺
5. 石棉肺
6. 滑石尘肺
7. 水泥尘肺
8. 云母尘肺
9. 陶工尘肺
10. 铝尘肺
11. 电焊工尘肺
12. 铸工尘肺
13. 根据《尘肺病诊断标准》和《尘肺病理诊断标准》可以诊断的其他尘肺病

（二）其他呼吸系统疾病

1. 过敏性肺炎
2. 棉尘病
3. 哮喘
4. 金属及其化合物粉尘肺沉着病（锡、铁、锑、钡及其化合物等）
5. 刺激性化学物所致慢性阻塞性肺疾病
6. 硬金属肺病

二、职业性皮肤病

1. 接触性皮炎
2. 光接触性皮炎
3. 电光性皮炎
4. 黑变病
5. 痤疮
6. 溃疡
7. 化学性皮肤灼伤
8. 白斑
9. 根据《职业性皮肤病的诊断总则》可以诊断的其他职业性皮肤病

三、职业性眼病

1. 化学性眼部灼伤
2. 电光性眼炎
3. 白内障（含放射性白内障、三硝基甲苯白内障）

四、职业性耳鼻喉口腔疾病

1. 噪声聋
2. 铬鼻病
3. 牙酸蚀病
4. 爆震聋

五、职业性化学中毒

1. 铅及其化合物中毒（不包括四乙基铅）
2. 汞及其化合物中毒
3. 锰及其化合物中毒
4. 镉及其化合物中毒
5. 铍病
6. 铊及其化合物中毒
7. 钡及其化合物中毒
8. 钒及其化合物中毒
9. 磷及其化合物中毒
10. 砷及其化合物中毒
11. 铀及其化合物中毒
12. 砷化氢中毒
13. 氯气中毒
14. 二氧化硫中毒
15. 光气中毒
16. 氨中毒
17. 偏二甲基肼中毒
18. 氮氧化合物中毒
19. 一氧化碳中毒
20. 二硫化碳中毒
21. 硫化氢中毒
22. 磷化氢、磷化锌、磷化铝中毒
23. 氟及其无机化合物中毒
24. 氰及腈类化合物中毒
25. 四乙基铅中毒
26. 有机锡中毒

27. 羰基镍中毒
28. 苯中毒
29. 甲苯中毒
30. 二甲苯中毒
31. 正己烷中毒
32. 汽油中毒
33. 一甲胺中毒
34. 有机氟聚合物单体及其热裂解物中毒
35. 二氯乙烷中毒
36. 四氯化碳中毒
37. 氯乙烯中毒
38. 三氯乙烯中毒
39. 氯丙烯中毒
40. 氯丁二烯中毒
41. 苯的氨基及硝基化合物（不包括三硝基甲苯）中毒
42. 三硝基甲苯中毒
43. 甲醇中毒
44. 酚中毒
45. 五氯酚（钠）中毒
46. 甲醛中毒
47. 硫酸二甲酯中毒
48. 丙烯酰胺中毒
49. 二甲基甲酰胺中毒
50. 有机磷中毒
51. 氨基甲酸酯类中毒
52. 杀虫脒中毒
53. 溴甲烷中毒
54. 拟除虫菊酯类中毒
55. 铟及其化合物中毒
56. 溴丙烷中毒
57. 碘甲烷中毒
58. 氯乙酸中毒
59. 环氧乙烷中毒
60. 上述条目未提及的与职业有害因素接触之间存在直接因果联系的其他化学中毒

六、物理因素所致职业病

1. 中暑

2. 减压病
3. 高原病
4. 航空病
5. 手臂振动病
6. 激光所致眼（角膜、晶状体、视网膜）损伤
7. 冻伤

七、职业性放射性疾病

1. 外照射急性放射病
2. 外照射亚急性放射病
3. 外照射慢性放射病
4. 内照射放射病
5. 放射性皮肤疾病
6. 放射性肿瘤（含矿工高氡暴露所致肺癌）
7. 放射性骨损伤
8. 放射性甲状腺疾病
9. 放射性性腺疾病
10. 放射复合伤
11. 放射性白内障
12. 铀及其化合物中毒
13. 根据《职业性放射性疾病诊断标准（总则）》可以诊断的其他放射性损伤

八、职业性传染病

1. 炭疽
2. 森林脑炎
3. 布鲁氏菌病
4. 艾滋病（限于医疗卫生人员及人民警察）
5. 莱姆病

九、职业性肿瘤

1. 石棉所致肺癌、间皮瘤
2. 联苯胺所致膀胱癌
3. 苯所致白血病
4. 氯甲醚、双氯甲醚所致肺癌
5. 砷及其化合物所致肺癌、皮肤癌
6. 氯乙烯所致肝血管肉瘤
7. 焦炉逸散物所致肺癌
8. 六价铬化合物所致肺癌
9. 毛沸石所致肺癌、胸膜间皮瘤

10. 煤焦油、煤焦油沥青、石油沥青所致皮肤癌

11. β-萘胺所致膀胱癌

十、职业性肌肉骨骼疾病

1. 腕管综合征（限于长时间腕部重复作业或用力作业的制造业工人）

2. 滑囊炎（限于井下工人）

十一、职业性精神和行为障碍

1. 创伤后应激障碍（限于参与突发事件处置的人民警察、医疗卫生人员、消防救援等应急救援人员）

十二、其他职业病

1. 金属烟热

2. 股静脉血栓综合征、股动脉闭塞症或淋巴管闭塞症（限于刮研作业人员）

三、职业病的防护

为了预防、控制和消除职业病危害，防治职业病，保护劳动者健康及其相关权益，促进经济发展，我国制定了《中华人民共和国职业病防治法》。预防职业病的关键在于控制工作环境中的有害因素，加强职业健康监护，提高员工的职业卫生意识，采取必要的个人防护措施。此外，企业应加强安全培训和教育，定期开展职业病危害评估，并建立健全的职业病防治体系，以保障员工的健康和权益。

（一）改善工作环境

对于存在物理、化学、生物等危害因素的工作环境，应采取相应的技术措施，例如更换设备、改良生产工艺、隔离有害物质等，以减少工人和危害因素的接触。根据工作环境和员工的实际情况，定期开展职业病危害评估和监测，及时发现和解决可能存在的职业健康风险。

（二）加强职业健康监护

建立健全的职业健康档案，对劳动者进行就业前、定期和离岗时的职业健康检查。在就业前的检查中如发现有不宜从事某一职业危害因素作业的职业禁忌证者，不得安排其从事所禁忌的作业。定期健康检查便于早期发现病患，及时处理，防止职业危害的发展，为制定预防对策提供依据。定期进行职业健康检查和评估，及时发现职业病早期症状和异常情况，采取必要的干预和治疗措施，并提供相关的医疗保障和救助。

（三）提高员工的职业卫生意识

加强职业卫生知识和技能的培训，使员工掌握正确的防护方法和技巧，养成良好的个人卫生习惯，增强自我保护意识。根据工作环境和危害因素的不同，使用适当的个人防护装备，如呼吸器、口罩、防护眼镜、手套、安全鞋等，有效防止危害因素对人体造成伤害。

（四）建立健全的职业病防治体系

制定职业病防治规范和标准，建立健全的职业病防治体系和机制，落实责任和义务，确保职业病防治工作的顺利实施。

任务四 注意环境保护

人类的生存和发展离不开环境。然而，人类在谋求自身的生存和发展的同时，会造成生态破坏和环境污染。随着人类改造自然的力量日渐强大，人类对环境的破坏日益严重。人类不能以牺牲环境为代价换来一时的经济繁荣，不能对大自然苛求不休。人类既不是大自然的奴仆，也不是大自然的主宰，人类应秉持可持续发展的理念，在谋求生存与发展的同时，认识和解决好环境问题，保护环境。

一、保护人类唯一的家园——地球

在茫茫的宇宙中，除地球之外，目前尚未发现其他适合人类生存的星球。在这个家园里，除了人之外，还有各种各样人类所赖以生存的生命和物质：花草树木、虫鱼鸟兽、空气、水等。这些生命和物质与人类一起构成了和谐的地球。

地球给了所有生命一个适合生存的支持系统——水、空气、光、热以及各种能源等。如果这样的支持系统遭到破坏，不只是动植物的生存环境会受到破坏，包括人类在内，也会遭到不同程度的影响。所以，只有保护环境，保护我们赖以生存的地球，才能保护我们人类自己，才能使人类的文明发展得更远，让人类的生活环境更舒适。

二、绿化环保行动

（一）形成绿色价值取向

什么是绿色价值取向？习近平总书记关于“绿水青山”与“金山银山”关系的三个言简意赅的重要论断，对此做了生动阐释和系统说明。“绿水青山就是金山银山”，强调优美的生态环境就是生产力、就是社会财富，凸显了生态环境在经济社会发展中的重要价值。“既要金山银山，又要绿水青山”，强调生态环境和经济社会发展相辅相成、不可偏废，要把生态优美和经济增长“双赢”作为科学发展的重要价值标准。“宁要绿水青山，不要金山银山”，强调绿水青山是比金山银山更基础、更宝贵的财富，当生态环境保护与经济社会发展产生冲突时，必须把保护生态环境作为优先选择。

坚持绿色发展，需要我们形成绿色价值取向，正确处理好经济发展同生态环境保护的关系，牢固树立保护生态环境就是保护生产力、改善生态环境就是发展生产力的理念，更加自觉地推动绿色发展、循环发展、低碳发展，决不以牺牲环境为代价去换取一时的经济增长。

（二）形成绿色生活方式

绿色生活方式与每个人的生活息息相关，体现了人们对绿色发展理念的认同度、践行力。形成绿色生活方式对绿色发展和生态文明的最终实现具有基础意义、关键作用。

保护环境，人人有责；绿色发展，人人应为。这个“应为”，就是倡导和践行勤俭节约、绿色低碳、文明健康的生活方式与消费模式。

推动形成绿色生活方式，需要我们坚持节约优先，强化集约意识，在衣、食、住、行、游等方面形成节约集约的行动自觉；倡导环境友好型消费，推广绿色服装、提倡绿色饮食、鼓励绿色居住、普及绿色出行、发展绿色旅游，抵制和反对各种形式的奢侈浪费、不合理消费。

促进生活方式绿色化，时时可做、处处可为。大到购买节能与新能源汽车、高能效家电、节水型器具等节能环保产品，小到减少塑料购物袋、餐盒等一次性用品的使用，乃至随手关灯、拧紧水龙头，都是在践行绿色生活方式和消费理念，都是在为绿色发展作贡献。

绿色发展是理念，更是实践；需要坐而谋，更需起而行。只要我们坚持知行合一、从我做起，坚持步步为营、久久为功，就一定能换来蓝天常在、青山常在、绿水常在，就一定能开创社会主义生态文明新时代、赢得中华民族永续发展的美好未来。

课堂互动

如何做环保行动派？

下面所列环保行为，你做到了哪些？还有哪些方面需要加强？对于环保行动，你还有哪些好的建议和意见？

1. 节约用水

（1）用盆和桶接水来洗东西比直接用水冲洗更省水。

（2）淘米水可用来洗菜或洗碗，洗完菜的淘米水可用于浇花，残余茶水可用来擦家具。

（3）菜先拣后洗。

（4）改洗洁精洗瓜果蔬菜为盐水浸泡冲洗。

（5）将老式旋转式水龙头换为节水龙头。

（6）洗衣机漂洗的水可做下一批衣服洗涤用水，最后一次洗涤水可用来拖地、洗拖把或冲厕所。

（7）集中洗涤衣物，少量小件衣物可手洗；使用适量无磷低泡洗衣粉，可减少漂洗次数及对水质的污染程度。

2. 绿色节电

（1）空调：①根据居住空间实际需要选择空调功率；②夏季使用空调，温度设置在26摄氏度左右。

（2）照明：①使用节能灯（和普通白炽灯相比，节能灯耗电及热辐射减少 80%，使用寿命延长 8 倍）；②随手关灯；③充分利用天然采光，减少室内光源能耗；④尽可能使用可调光。

（3）热水器：①燃气热水器比电热水器更节能、环保；②不使用时，关闭热水器开关；③如条件允许，尽可能采用太阳能热水器。

（4）使用每个插孔有独立开关的节能型插线板，以控制待机能耗，确保用电安全。

（5）电脑、电视及时关机，不待机。

3. 绿色消费

（1）选用绿色食品或有机食品。

（2）买菜和购物用环保袋或菜篮子。

（3）购买家电选用节能环保的产品。

（4）装修居室选用环保建材。

（5）购买汽车要选低排放、省油、节能的。

（6）不使用一次性筷子、餐盒、塑料袋等物品。

（7）选用无磷洗衣粉、洗涤剂。

（8）不吃野味。

（9）不购买豪华包装的产品。

（10）饭店吃饭不奢侈浪费，剩余的饭菜打包回家。

（11）购买二手或者翻新的物品。

（12）购买可循环利用的产品。

（13）少买不必要的衣服。

4. 绿色出行

（1）多乘坐公交和地铁等公共交通工具。

（2）多骑自行车，节能又方便。

（3）路程不远时步行，健康又环保。

（4）养成文明驾车的好习惯，合理保养爱车。

（5）积极响应“每月少开一天车”的环保公益活动。

三、低碳校园生活

工业革命以来，人类经济发展的相关活动及在日常生活中排放的二氧化碳，大大超出了地球对二氧化碳的自然负荷能力。这导致全球气候发生显著变化，对全球自然生态系统产生了有害影响。于是，人类开始反思自己的行为，“低碳”概念应运而生。

所谓“低碳”，就是倡导人们在生活、生产中，尽量减少二氧化碳排放，以减缓全球变暖的趋势。低碳生活是人们为减少二氧化碳排放，主动、自发养成的一种新型生活方式。在减少二氧化碳排放的过程中，个人的努力具有“聚沙成塔”的意义。低碳生活是一种经济、健康、幸福的生活方式，它不会降低人们的幸福指数，相反会使生活更加幸福。

作为中职生，我们应如何为节能减排作出自己的贡献?

首先，要树立绿色低碳意识，认识到节能减排的紧迫感和使命感，牢固树立绿色低碳理念，人人争做绿色低碳标兵，处处体现绿色低碳文化，时时参与绿色低碳行动。

其次，要养成绿色低碳习惯，从小事做起，节约用电、节约用水、节约用纸、节约粮食，爱护树木、不践踏草坪，讲究卫生、不乱丢杂物，绿色出行、少乘机动车，不用一次性用品、少用塑料袋、不买不必要的物品，废旧物品再利用及废电池单独分类处理，等等。

最后，要主动宣传绿色低碳生活方式，撒播绿色低碳的“种子”，带动周围的人形成绿色低碳的生活态度，以实际行动参与低碳校园的建设。

知识链接

什么是温室效应与全球变暖?

“温室效应”（Greenhouse Effect）与“全球变暖”（Global Warming）的含义听起来似乎相同，实际上却有很大的不同。温室效应是一个中性词，指的是大气层中时刻存在的一种自然现象，而全球变暖则是指一种有可能避免的大气环境问题，是一种生态或气候破坏。

温室效应

温室效应，又称“花房效应”，是大气保温效应的俗称。温室效应形成的原理非常简单，其作用类似于栽培农作物的温室。从太阳输送到地球的能量中，大约有1/3的能量经过云层和地球表面被反射回太空中。其余的被土地和海洋吸收，然后以红外射线的形式放射出来，这些再被大气中的污染气体（微量气体）吸收，反过来向上释放红外线，向下则释放到地球的表面。正是这种不断跳跃的能量被称为温室效应。它对地球上的生命至关重要，没有它，赤道的平均气温将会是 -10℃。

太阳辐射主要是短波辐射，如可见光；而地面辐射和大气辐射则是长波辐射，如红外线。大气对长波辐射的吸收力较强，对短波辐射的吸收力较弱。大气层就像所覆盖玻璃的温室一样，保存了一定热量，使得地球不至于像没有大气层的月球一样，被太阳照射时温度急剧升高，不受太阳照射时温度急剧下降。

全球变暖

全球变暖是由于大气层中二氧化碳等温室气体急剧增加，大量吸收地面红外线长波辐射，进而使温室效应增强造成的。二氧化碳等温室气体大量增加的主要原因是，第一，人们为了获取能量，大量燃烧化石燃料（煤、石油、天然气等）排放大量温室气体；第二，滥伐森林并燃烧，使森林吸收二氧化碳的能力减弱。由于这些温室气体对来自太阳辐射的可见光具有高度的透过性，而对地球反射出来的长波辐射具有高度的吸收性，大量的温室气体排放使得保留的能量增加，因而导致了全球气候变暖。

政府间气候变化问题小组IPCC指出，有充分的证据显示，人类的活动导致了所谓

“温室气体”在大气层的累积，这使得全球气温逐步上升。

全球变暖其实可以视为气候变化的一种大趋势。人类活动造成了全球变暖，全球变暖又会对人类或整个地球产生什么样的影响？温室气体有哪些？它们有什么区别？目前全球温室气体排放量与过去有什么变化？大气中二氧化碳浓度有何变化以及温室气体如何循环？面对全球气候变暖及其带来的影响，人类该怎么办？有哪些气候政策、机制可以采用？这些可能都是人类需要努力和认真回答的问题。

资料来源：秒懂！！什么是温室效应与全球变暖?（2016－07－21）[2025－04－30]. https://mp.weixin.qq.com.

实践活动

急救常识分享会

一、活动主题

急救常识我分享。

二、活动准备

（1）物品准备：道具、物品、PPT。

（2）活动分组：分别选择“火灾”“触电”“地震”“心肺复苏”“创伤处理”“烫伤”“扭伤”“异物卡喉”等主题进行应急处置的分享。

三、主题要求

以小组为单位，自行收集急救小常识相关资料，并撰写分享报告，每组推荐一名组长进行分享。内容契合主题，知识清晰，动作到位，表达准确；使用普通话，限时5～7分钟。

四、活动目的

（1）通过急救常识主题的分享，提升学生对事故应急处理的认识。

（2）通过活动提高学生对突发事件的应变能力。

（3）通过活动鼓励学生大胆发言，培养学生的语言表达能力，提高学生思维的敏捷性。

五、活动实施

1. 准备阶段

（1）组建小组，推选组长。

（2）分工合作，收集资料。

（3）撰写分享 PPT。

2. 实施阶段

（1）组长对组内所收集的资料进行分享。

（2）学生互评。

（3）教师点评。

六、成果展示

现场各小组分享。学生互评，教师总结。

七、劳动评价

活动结束后，认真填写活动评价表（见表 5－6）。

表 5－6　活动评价表

评价维度	评价标准	自评	小组评	教师评	备注
前期准备（20 分）	急救小常识资料准备充分，紧扣主题				
活动参与（30 分）	组内分工明确，2～3 人进行资料收集，1 人撰写报告，组长进行分享				
小组协作（20 分）	活动过程中小组内配合默契，个人服从组织安排，能够高效完成自身担负的任务				
报告（15 分）	报告撰写得是否规范				
分享效果（15 分）	分享时思路清晰，语言流畅，肢体动作大方				

项目六 弘扬新时代劳动精神

项目概述

迈入新时代，社会主义现代化建设事业需要一支高素质的劳动者大军。高素质是对新时代劳动者提出的基本要求。劳动教育是中国特色社会主义教育制度的重要内容，直接决定了社会主义建设者和接班人的劳动价值取向、劳动精神面貌和劳动技能水平，是培养高素质人才的有效途径。本项目将剖析劳动精神、劳模精神、工匠精神的丰富内涵、时代意义，呼吁同学们在劳动中自觉传承和弘扬劳动精神、劳模精神、工匠精神，以青春韶华与热情毅力，共同谱写时代赞歌与历史新篇。

学习目标

目标维度	具体内容
知识目标	1. 了解劳动精神、劳模精神和工匠精神的内涵。 2. 了解劳动精神、劳模精神和工匠精神的时代意义。
能力目标	1. 能认真体会劳动精神、劳模精神、工匠精神，并自觉传承。 2. 能践行与弘扬劳动精神、劳模精神和工匠精神。
素养目标	1. 树立劳动最光荣、劳动最崇高、劳动最伟大、劳动最美丽的价值观念。 2. 尊重他人的劳动成果，爱惜自己的劳动成果。 3. 向大国工匠和高技能人才看齐。 4. 树立远大志向，在实现中国梦的伟大实践中创造自己的精彩人生。

榜样引领

“大国工匠”李万君

感动中国2016年度人物之一的李万君，是中车长客股份公司高级技师。2019年他被中组部授予“全国优秀共产党员”称号。在中国高铁事业发展进程中，李万君实现了从一名普通焊工到高铁焊接专家的蜕变。

作为中国第一代高铁工人的杰出代表，李万君凭借自己精湛的技艺成为公司转向架制造中心的焊接大师、首席操作师，同时还获得中华技能大奖，被人们称为工人院士。

1987 年 8 月，19 岁的李万君职高毕业后被分配到长春客车厂（中车长客股份公司前身），在配焊车间最苦最累的水箱工段当工人，和他一起入厂的还有 28 个伙伴。

一进焊接车间，火星子乱蹦，烟雾弥漫，刺鼻呛人。焊工们穿着厚厚的帆布工作服，戴着焊帽，拿着焊枪喷射着 2 300℃的烈焰，夏天时，穿着几斤重的装备干完活出来，全身都得湿透。这样艰苦的条件不是每个人都能承受下来的。一年下来，和他一起入厂的同事调走了 25 个。但他依然选择留下来。厂里要求每人每月焊 100 个水箱，他就多焊 20 个，一年下来，两年一发的工作服被他磨破了 5 套，不够穿，他就到市场上自己掏钱买。

除了跟着师傅学习，他一有时间就跑到其他师傅那儿看，有问题就问。一开始，一些老师傅嫌他黏人，但慢慢地师傅们发现，这个小伙子凡事问过一次，就会举一反三。不知不觉中，李万君的焊接手艺在同龄人中已出类拔萃。现在他一听焊接的声音，就知道哪个徒弟或是员工哪个地方焊得不好，焊缝是宽还是窄、焊接质量好不好……这样的境界，可是经过千锤百炼才能达到的。

为了攻克各种各样的困难，他成立了一个攻关团队，遇到焊接难题，整个团队都会群策群力，攻坚克难，将技能和智慧紧密地结合在一起，突破一个又一个难关。入厂第二年，李万君就在车间技能比赛中夺冠；1997 年、2003 年、2007 年，他三次在长春市焊工技能大赛荣获第一名；2005 年，他在全国焊工技能大赛中荣获焊接试样外观第一名；2008 年荣获“全国技术能手”称号；2011 年荣获中华技能大奖。

资料来源：人民网 - 吉林频道. 我身边的党员故事 |（22）“大国工匠”李万君.（2021 - 07 - 01）[2025 - 05 - 30]. http://jl.people.com.cn/n2/2021/0701/c349771 - 34802237.html.

劳动箴言

古往今来，能够成就事业，对人类有所作为的，无一不是脚踏实地攀登的结果。

——钱三强

任务一 践行劳动精神

劳动精神是指崇尚劳动、热爱劳动、辛勤劳动、诚实劳动的精神。新时代的劳动精神有丰富的内涵，不仅在内容上继承并发展了马克思主义劳动价值观和中华民族传统优秀的劳动观念，还彰显了“辛勤劳动、诚实劳动、创造性劳动”的新理念，倡导了“劳动光荣、技能宝贵、创造伟大”的时代风尚，形成了“劳动者至上、劳动者平等、劳动者可敬、劳动最光荣、劳动最崇高、劳动最伟大、劳动最美丽”的新时代劳动观。

一、劳动精神的内涵

（一）崇尚劳动

崇尚劳动是一种高尚的品质，具有强烈的社会责任感和历史担当。崇尚劳动意味着要认识到劳动是创造财富和价值的源泉，是实现自我价值和社会进步的必要条件；尊重劳动者的权利和尊严，支持他们通过劳动获得合理收入和社会地位；推动社会公正和良好治理，保障劳动者合法权益和福利。

（二）热爱劳动

热爱劳动是一种态度，是一种内心的驱动力，是一种对自我实现和社会价值最大化的追求。热爱劳动即把劳动看成一种快乐和享受。在学习和工作中，应该保持积极的心态，主动参与劳动，充分发挥自己的潜力和才华，通过劳动获得成就感和满足感，积极迎接未来的挑战。

（三）辛勤劳动

辛勤劳动是一种勤奋和毅力的表现，是指需要展现出的耐心、毅力以及刻苦钻研的精神。辛勤劳动意味着以高度的责任心和执行力，努力完成工作任务，不怕辛苦和困难。在学习和工作中，应该坚持辛勤劳动的原则，克服困难和挑战，不断提高自己的劳动技能和素质。

（四）诚实劳动

诚实劳动是一种高尚的道德情操，需要个体具备高度的责任感和自律精神。诚实劳动意味着注重诚信和公正，在工作中保持真诚、正直和透明。诚实劳动不仅是对别人负责，也是对自己负责的表现。在工作中，要践行诚实劳动的品格，遵守职业道德和职业规范，具有诚信为本、遵守工作纪律、诚实守信等良好工作习惯，坚持诚实守信、真诚合作的原则。

二、劳动精神的时代意义

崇尚劳动、热爱劳动、辛勤劳动和诚实劳动是劳动精神的内涵，这种精神不仅在个人层面有着重要的意义，而且在社会层面也具有深刻的影响。

从个人层面来看，崇尚劳动能够让个人明确自身的责任和使命，认识到劳动对于个人成长和社会进步的重要性，提高自我价值感和自信心。热爱劳动可以激发个人的创造力和想象力，培养主动、积极的工作态度，获得更多的成就感和满足感。辛勤劳动可以培养个人的毅力和耐心，克服困难和挑战，不断提升职业技能和素质，促进个人的职业发展和人生价值。诚实劳动能够树立个人的职业操守和职业道德，维护工作环境的公正和正义，增强个人信用和诚信，取得他人的信任和尊重。这些方面共同构成了健康的劳动精神，在个人的成长和发展中，扮演着不可或缺的角色。

从社会层面来看，崇尚劳动可以推动社会进步和发展，提高国家的生产力和经济效益，促进社会的稳定和繁荣。热爱劳动能够增强团队协作和合作精神，推动企业和社会的共同进步，促进社会的和谐和稳定。辛勤劳动能够为社会创造更多的价值和贡献，提升整个社会的文明程度和素质水平，推动社会的良性循环和可持续发展。诚实劳动能够减少工作中的纠纷和矛盾，增强社会信任和合作基础，建立公正、透明的工作环境，促进社会的稳定和繁荣。这些方面共同构成了健康的社会劳动风气，在社会的稳定和发展中，起到不可替代的作用。

崇尚劳动、热爱劳动、辛勤劳动和诚实劳动是一种高度文明和精神追求，同时也是推动企业和社会进步的核心动力。它融合了人类文明的最高价值，彰显了人类对事业成功和社会和谐的永恒向往和追求。

三、践行与弘扬劳动精神

劳动精神是劳动者劳动意识、劳动理念、劳动态度、劳动习惯的集中展示。作为职业院校的学生，要建立正确的职业观，提高职业素养，在技能学习的过程中要大力践行与发扬劳动精神。

（一）树立崇尚劳动的正确观念

崇尚劳动是树立科学的劳动价值观的具体体现，要求懂得劳动创造价值、劳动创造社会的道理，明确劳动是有价值的，进而生成渴望劳动的意愿。

劳动虽然有不同分工、不同专业、不同条件与环境等，但劳动有一个重要的特性，那就是平等性。就劳动本身而言，是没有高低贵贱之别的。因此，需要我们认真对待每一个劳动岗位，认真对待每一次劳动。

（二）培养热爱劳动的积极态度

在认真学习众多创造社会奇迹的劳动者事迹后，我们不难发现他们都具有一个共同的品质，那就是面对劳动时的积极态度。

只有正确认识劳动，热爱劳动，懂得劳动能创造美好未来、劳动能创造幸福生活，才会喜欢劳动、愿意劳动。无论身处任何岗位，我们都需要始终保持对劳动的热情与不断奋斗的精神，不断为全面建设社会主义现代化国家贡献力量，铸就新的历史伟业。

（三）淬炼辛勤劳动的综合能力

辛勤劳动是对劳动过程及其强度的充分肯定。中华民族自古以来就有勤劳的品质，五千多年的中华文明和现代文明成果都积淀了人民的辛勤劳动和智慧，辛勤劳动是中国劳动人民最朴素的劳动品质。

无论是体力劳动还是脑力劳动，都是一个艰苦奋斗的过程：体力劳动要付出辛劳和汗水，脑力劳动也要付出心血和智慧。只有勤于奋斗、乐于奉献，撸起袖子加油干，不断锤炼本领、淬炼能力，追求卓越、争创一流，才能开创辉煌事业，彰显精彩人生。

（四）铸就诚实劳动的高尚品德

诚实劳动是对劳动者品德的客观规定，劳动就要踏踏实实、求真务实、真抓实干、实事求是。诚实劳动反映了人们对和谐、平等、无欺诈的劳动关系的需要，每个人都必须立足本职岗位脚踏实地劳动，才能收获累累硕果。每一个零部件，都要精心打磨才能形成优质的产品；每一天田间的精心耕作才能赢得欣喜的丰收；每一次对宾客的尽心相迎、童叟无欺才能提供优质的服务……广大劳动模范和先进工作者已经为我们树立了立足本职、勤勉劳动、踏实劳动的榜样，并不断鼓舞着我们依靠诚实劳动去创造美好的未来。

知识链接

自己动手　丰衣足食

1941 年 3 月，遵照党中央指示，八路军 359 旅进驻延安东南 50 余千米处的南泥湾，一边练兵备战，一边垦荒屯田。短短 3 年时间，359 旅不仅创造了大量物质财富，把荆棘遍野、荒无人烟的南泥湾变成了“处处是庄稼，遍地是牛羊”的陕北“好江南”，更为后人留下了宝贵的精神财富——南泥湾精神。

359 旅刚进驻南泥湾时，南泥湾其实是一片人烟稀少的“烂泥湾”，荆棘遍野，常有野兽出没。战士们这样描述：“南泥湾啊烂泥湾，方圆百里山连山；雉鸡成伙满山噪，狼豹成群林里窜；猛兽当家百年多，一片荒凉没人烟。”

面对困难，广大指战员坚定地说：“干革命需要艰苦奋斗，艰苦奋斗才能干好革命！”那是一段将士们的激情像干柴一样燃烧的岁月：没有房子住，就搭草棚、打窑洞；粮食不够吃，就在饭里掺黑豆和榆钱；没有菜吃，就到河边挖野菜；缺少穿的，夏天光着膀子开荒，冬天砍柴烧炭取暖；缺少开荒工具，就用捡来的炮弹皮、废铜烂铁自制农具……

靠着那股子不怕苦、不怕难的拼劲，仅仅 3 年时间，359 旅就办起 1 个纺织厂、1 个被服厂、2 个机械厂、2 个纸厂、4 个木工厂、3 个军鞋厂、3 个铁厂、1 个肥皂厂、2 个油坊、8 个面粉坊、6 个豆腐坊、7 个盐井、2 个煤窑，农业生产种植面积达到 26.1 万亩。1944 年，南泥湾收获粮食约 3.7 万石，向陕甘宁边区政府交纳公粮约 1 万石。

物质不灭，宇宙不灭，唯一能与苍穹比阔的是精神。南泥湾精神的核心和本质是自力更生、艰苦奋斗。它教会我们无论何时何地，只要自强自立、奋发图强，就没有迈不过的坎。南泥湾精神已融进中国共产党的血脉，成为中国共产党人精神谱系的重要内容和中华民族的宝贵财富。

资料来源：韩业庭，张哲浩，李洁. 自己动手　丰衣足食：南泥湾精神述评.（2021 - 10 - 29）[2025 - 06 - 19]. https://news.gmw.cn/2021 - 10/29/content_35270053.htm. 有改动.

任务二 传承劳模精神

劳模精神即劳动模范的精神。劳动模范之所以成为劳动模范，是因为他们在平凡的岗位上做出了不平凡的业绩，他们所坚持、坚守、坚定的基本信念、价值追求、人生境界及其展现出的整体精神风貌，是伟大时代精神的生动体现。劳模精神展示了中华民族顽强拼搏、自强不息的崇高品格，体现了我们伟大民族与时俱进、开拓创新的精神风貌。

一、劳模精神的内涵

弘扬劳模精神要做到“爱岗创业、争创一流、艰苦奋斗、勇于创新、淡泊名利、甘于奉献”。

“爱岗敬业、争创一流”指的是劳模对待岗位、对待职业的一种态度，体现了劳模对国家、社会、职业的高度责任感、使命感和舍我其谁的主人翁精神；“艰苦奋斗、勇于创新”指的是劳模的作风，体现了广大劳模吃苦耐劳、坚韧不拔的作风和意志，以及不满足现状，强烈的开拓创新意识；“淡泊名利、甘于奉献”指的是劳模的思想品质，表现为能克服急功近利的浮躁，远离追名逐利的彷徨，不谋一己之得失，而忧事业之兴衰，体现为党和国家事业而奋斗的价值观。劳模精神的三个方面是相互联系的统一整体。

（一）爱岗敬业、争创一流的劳动态度

爱岗敬业，就是要干一行、爱一行，是干好工作的重要前提，是一个人应有的职业操守，也是社会主义核心价值观的基本要求。争创一流，就是要干一行、钻一行、精一行。要练就一流的技术，干出一流的业绩，创造出一流的成果。这既是一种工作境界，也是一种人生追求。纵览新中国历史上的历代劳模，无论是“农业劳模”申纪兰、“工业战线的老英雄”孟泰，还是在火箭总装一线奋战30余年的崔蕴、秉持“第一次就把事情做好”的青年动车组装班，他们总是把平凡工作当事业干，爱岗敬业钻研本职、迎难而上勇挑重担、锐意进取争创一流，在追求卓越中创造不平凡的业绩。

（二）艰苦奋斗、勇于创新的劳动作风

艰苦奋斗是一种不怕艰难困苦，奋发图强，艰苦创业，为国家和人民的利益，积极奋斗的精神，是中华民族的优良传统，是中华儿女的自强法宝。勇于创新是劳模精神不断发展、与时俱进的时代内涵。中华民族自古以来便勇于创新、善于创新，正是勇于创新、开拓进取的精神使得我们的民族永葆生机。新时代我们应继续保持奋发向上、一往无前的精神状态，磨砺不畏艰难、百折不挠的坚强意志，培养自强不息、开拓进取的思想品格，在劳动实践中打破陈规、大胆探索尝试、勇于创新创造。

案例点评

“铁路小巨人”巨晓林

巨晓林，1962 年出生，1987 年前往中铁电气化局一公司三段铁路工地“打工”，从此他的一生和铁路电气化建设结下了不解之缘。

刚工作那会儿，只是普通农民工的巨晓林看着一张张施工图纸和一个个接触网零部件，就像看天书一样，脑子直发懵。带他的师傅安慰他：“只要下苦功，没有学不会的。”巨晓林就凭着一股子实干精神，白天学、晚上学，营地熄灯后还悄悄打着手电筒继续学习。他知道，农民工也应该努力学技术，成为懂行的人。

铁路接触网是一个技术密集型工种，为了掌握其中的技术，巨晓林买了 30 多本专业书，抓紧一切时间学习。功夫不负有心人。有一次，巨晓林和工友们在北同蒲铁路工地进行接触网架线作业，当时每到一个悬挂点都要有人肩扛电线爬上爬下，不仅辛苦，效率也十分低。巨晓林用一个铁丝套挂住滑轮试了试，感觉一下子省了不少劲儿。大家按照他说的办法架线，效率瞬间提高了两倍。

自己学到的知识真正在施工中派上了用场，从此巨晓林学习更加努力。他的工作服口袋里始终有一个小本子，施工中不管遇到什么问题，他都会马上记下，等有空的时候琢磨。就这样，参加工作 30 多年，巨晓林记下近 300 万字的笔记。

更难能可贵的是，虽然只有高中学历，但他编撰出了《接触网施工经验和方法》一书，该书成为接触网工作者的必备工具书，是铁路施工一线的“宝典”。巨晓林先后参加过大秦线、京郑线、哈大线、京沪高铁等 10 多项国家铁路重点工程建设，从一名普通农民工成长为知识型企业职工的优秀代表、大国工匠，荣获改革先锋、全国劳动模范、全国创先争优优秀共产党员等荣誉称号，获全国五一劳动奖章、中华技能大奖。

资料来源：新京报. 巨晓林：农民工也要努力学技术，成为懂行的人（2019－07－27）［2025－05－30］. https://baijiahao.baidu.com/s?id=1640183853607231319&wfr=spider&for=pc. 有改动.

点评：巨晓林从一名普通的农民工成长为劳动模范，主要靠他肯花气力、肯下功夫、肯去钻研的劳动精神。他用拼搏和汗水谱写了人生的精彩华章，用实际行动诠释了劳动最光荣、劳动最崇高、劳动最伟大、劳动最美丽。

（三）淡泊名利、甘于奉献的劳动品格

淡泊名利、甘于奉献是一种高尚的劳动品格，体现了一个人不以个人私利为先，而是将自己的能力和智慧投入集体事业中的精神。淡泊名利可以使人心态平和，缓解压力，在工作中保持客观理性的态度。甘于奉献可以提高工作积极性和责任感。当我们意识到自己的工作不仅仅是为了自己，更是为了集体、为了社会，就会更加珍惜工作机会，更加认真负责地履行好工作职责，不断提升自己的能力和水平，为集体事业做出更大的贡献。淡泊名利和甘于奉献是一种高尚的人生追求。在物欲横流、功利至上的时代，能够坚守自己的信仰和价值观，为他人和社会做出贡献，体现了一种崇高的人生追求和境界。

二、劳动者的荣光

习近平总书记在2020年全国劳动模范和先进工作者表彰大会上强调："劳动模范是民族的精英、人民的楷模，是共和国的功臣。""社会主义是干出来的，新时代是奋斗出来的。""光荣属于劳动者，幸福属于劳动者。"对于各行各业涌现出的爱岗敬业、锐意创新、勇于担当、无私奉献的先进模范人物和集体，由相关部门定期授予荣誉称号，以弘扬劳模精神、弘扬劳动精神、弘扬广大劳动群众的伟大品格。

（一）全国劳动模范

全国劳动模范是党中央、国务院授予在社会主义建设事业中做出重大贡献者的荣誉称号。其授予形式分为召开表彰大会、工作会议、零散表彰等。全国劳动模范表彰大会每五年召开一次。

（二）全国五一劳动奖章

全国五一劳动奖章是中华全国总工会为奖励在社会主义各项建设事业中做出突出贡献的职工而颁发的荣誉奖章。全国五一劳动奖章颁发范围包括工业交通、基本建设、农林水利、财贸金融、文化、教育、新闻、出版、政法、卫生、科研、体育等各行各业的职工。被授予全国五一劳动奖章的职工由中华全国总工会颁发奖章、证书和奖金。全国五一劳动奖章的评选表彰工作每年开展一次。

（三）全国五一劳动奖状

全国五一劳动奖状是中华全国总工会设立的授予先进集体的荣誉称号。全国五一劳动奖状授予在我国境内依法注册或登记的非跨地区的企事业单位、机关、社会组织及其他组织。被授予全国五一劳动奖状的集体由中华全国总工会颁发奖牌和证书。全国五一劳动奖状的评选表彰工作每年开展一次。

（四）全国工人先锋号

全国工人先锋号授予企事业单位、机关、社会组织及其他组织所属的部门。被授予全国工人先锋号的部门由中华全国总工会颁发奖牌和证书。全国工人先锋号的评选表彰工作每年开展一次。

三、劳模精神的时代意义

劳动模范身上承载和彰显的劳动精神一直发挥着引领作用，我们应该始终弘扬劳模精神，倡导全社会关注和尊重劳动者，坚持以人为本、创新发展的理念，为实现中华民族伟大复兴贡献自己的力量。

（一）弘扬正能量，营造良好社会风尚

我国优秀的传统劳动文化，为劳模精神的形成注入了民族文化基因，让劳模精神成为创造民族辉煌的根本力量和推动民族继续向前发展的精神支柱。同时，劳模精神又是

对中华优秀传统文化中崇尚劳动、重视生命的精神因子的继承与阐发。不断从传统文化中汲取养分所形成的劳模精神，能够引领社会正能量，推动社会向更好的方向发展。劳模精神在塑造良好的社会风尚、提升道德水平方面具有重要作用。

（二）凝聚奋进力量，助推社会发展

在市场经济的条件下，不断提高自身技能水平，创新发展，已经成为获取成功的必要条件。而劳模精神则更为注重实践应用和创造性思维，为社会创造更多的财富和价值。劳模们所表现出来的拼搏精神和创新能力，不仅可以带动整个行业向前发展，也可以为国家的经济建设和科技创新做出更大的贡献。同时，这种优秀的劳动品质也可以传承给后来的一代，推动整个社会向着更加美好的方向前进。

（三）提高人民群众的生活质量和幸福感

改革开放以来，广大劳动群众不仅了发扬吃苦耐劳、艰苦奋斗的高尚品格，更是在开拓创新、苦干实干中创造了中国奇迹，业务精湛、技术卓越、锐意进取、敢为人先的劳模形象更加深入人心。在改革开放之初，许多人依靠自身的勤奋和努力，赢得了事业成功和家庭幸福。这种精神成为推动中国社会快速发展的重要力量，也将在未来继续发挥着重要的作用。

四、践行与弘扬新时代劳模精神

劳模精神是社会主义劳动者在劳动中推动社会发展和实现精神文明的产物，其在中国特色社会主义发展进程中不断焕发出强大的生命力，在中华民族站起来、富起来、强起来的伟大历史进程中发挥了不可替代的重要作用，成为中华民族宝贵的精神财富，新时代的我们应不断践行与弘扬劳模精神。

学习劳模，致敬榜样。劳动模范在经济社会发展中作出了巨大贡献，是劳动者的榜样；广大劳模铸就的劳模精神，生动诠释了中国人民具有的伟大创造精神、伟大奋斗精神、伟大团结精神、伟大梦想精神，为劳动者提供精神甘泉。每一个劳动者都应自觉地向书本学习，向劳动模范学习，致敬劳模、传承精神，近距离接触劳动模范，感受劳模精神，聆听劳动故事，观摩精湛技艺，以劳动模范和先进工作者的崇高精神和高尚品格为给养，提升内生动力。

力学笃行，履践致远。劳动创造幸福，实干成就伟业。将精神力量落实到实际学习、工作中，在实践中体悟劳模精神，用苦干实干诠释劳模精神。密切关注行业、产业前沿知识和技术进展，勤学苦练、深入钻研，不断提高技术技能水平，形成正确的劳动价值观，养成积极的劳动态度和优良的劳动品德，最终成长为担当民族复兴大任的时代新人。

课堂互动

作为一名劳动者，在今后的工作、学习和生活中，你将如何践行劳模精神？怎样进一步提高个人的劳动素养？

任务三 铸造工匠精神

工匠指的是专注于某一领域，全身心投入，精益求精、一丝不苟地完成产品研发或加工的手工艺人。工匠精神的本义是指手艺工人对产品精雕细琢、追求极致的理念，即对生产的每道工序和产品的每个细节，都精益求精、力求完美。在劳动教育中，工匠精神被引申为一种职业精神，其内涵主要体现为敬业、精益、专注、创新等，是职业道德、职业能力和职业品质的体现，是从业者的职业价值取向和行为表现。

一、工匠精神的内涵

我国自古就有尊崇和弘扬工匠精神的优良传统。《诗经》有云："有匪君子，如切如磋，如琢如磨。"其中的"切""磋""琢""磨"，都是古代加工玉、石、骨、象牙等材质器物的基本工序。这句话的意思是，有文采的君子需要不断打磨、提升自己的学问、品德和修养，借用打磨器物引申到磨炼学问、品德和修养，这也是工匠精神精益求精、力求完美的体现。

狭义的工匠精神是指匠人在制造产品时追求高品质，一丝不苟，拥有耐心与恒心。广义的工匠精神是"从业人员的一种价值取向与行为表现，与其人生观和价值观紧密相连，是从业过程中对职业的态度和精神理念"，它是在生产中融入质量至上的职业操守，对生产过程中每一细节都给予重视的工作态度，体现一种不惜用血汗塑造产品质量的崇高精神。在长期实践中，培育形成了"执着专注、精益求精、一丝不苟、追求卓越"的工匠精神。

（一）执着专注

执着专注是工匠的本分，是指对自己从事的工作充满热情，并且全身心地投入工作中。不断探索工作中的难题，寻找解决问题的方法，不放弃任何一个机会来提高自己的技能和专业水平。工匠始于学徒、技工，选择了某个行当，就应沉潜下来，不能心猿意马，耐得住寂寞，干实事、细事、小事，在一个领域精雕细琢、精耕细作。许多优秀工匠短则十几年、长则几十年专注于一项技艺或一个岗位，经过持续不断地磨炼，才最终获得卓越的成就。

（二）精益求精

精益求精是工匠的追求。不骄傲、不满足、不凑合。精益求精的精神不仅反映在产品制作上，也体现在工人对技术的追求上，不断学习知识、磨炼技能、精进技艺，追求极致，不满足于现有的技术水平和产品品质，不断地探索新的工艺和创新，力求达到更高的标准和更好的效果。精益求精是大国工匠共有的精神气质，正是因为追求完美，才让他们不断超越自我。

（三）一丝不苟

一丝不苟是工匠的作风。一丝不苟的精神突出表现在注重细节上，在工匠的眼里，打造的产品一点也不能差，在细节中打磨出高品质。不放过任何一个细节，不忽视任何一个细微之处，一丝不苟、倾注匠心，才能创造出巧夺天工的精品。工匠必须具有严谨的态度，必不能造伪器。每一项具体技术的研究开发与应用扩散，往往都具有严格的规程和标准，来不得半点马虎。工匠们每一次打造产品都会认真对待，决不会因为“手熟”就粗心大意，愈认真愈熟练，愈熟练也愈认真。

（四）追求卓越

追求卓越是工匠的使命。他们始终保持一种追求卓越的态度。不满足于现状，总是在不断地挑战自己和创新，以达到更高的目标和更好的效果。他们坚信只有在追求卓越的道路上，才能不断提高自己的技能与水平。很多大国工匠不惜花费大量时间和精力，努力把产品品质从 99% 提升到 99.9%，再提升到 99.99%，向更高、更好、更精的方向努力。

案例点评

“金牌焊工”高凤林

高凤林在 2018 年荣获我国“大国工匠年度人物”称号，同时他也是全国劳动模范、全国五一劳动奖章获得者。在 2015 年的央视纪录片《大国工匠》中，高凤林是开篇介绍的第一人。高凤林于 1980 年参加工作，一直坚守在车间一线，负责火箭发动机的焊接，至今已有 40 余年。他用实际行动告诉我们：职业无贵贱，“三百六十行，行行出状元”。

只要提起焊工、钳工这类技工职业，大部分人都认为这类职业的工作又苦又累，也没什么出息，只有学习成绩不好的人才会选择做这类工作。然而，高凤林并不是人们通常认为的学习成绩不好的孩子。1978 年，16 岁的高凤林以高分考入隶属于首都航天机械有限公司的技校，在那里学习焊接工艺与制造。实习时，他扎实的基本功和吃苦耐劳的精神给焊工师傅留下了良好的印象，毕业以后自然也就成了一名焊工。高凤林在工作初期表现优异，很快就崭露头角并担任工作组组长。但大师的长成并非易事，除了在工作上精进焊接技艺，高凤林从 1988 年就开始报读大专、本科，自学研究生课程，力求理论和实践技艺一样不落下。

焊接技术要求具备扎实的焊接知识和基本功，要成为一名优秀的焊工就必须对焊接技术进行刻苦钻研。高凤林所焊接的火箭发动机被称为火箭的“心脏”，这意味着对焊接质量要求非常高。高凤林的作业对象经常是只有 1 ～ 2 厘米厚的材料或者指头大小的小部件，手略微抖一下或者眨一下眼都可能导致焊接失败。

技能的纯熟可以通过反复练习来提升，高凤林在入行初期常常举着铁块、沙袋，以增强手腕和手臂的力量；吃饭时常用筷子练习送焊丝的动作，防止焊接时出现手抖；他甚至冒着高温观察铁水的流动规律。这些只是焊工的基本功，和很多工作一样讲究熟能生巧，但只有长期坚持，才有可能成为一名优秀的焊工。如果说常规的焊接操作通过多加练习就可以顺利完成，那么技术攻克对焊工而言就是一道坎，能够成功突破的人凤毛麟角，而高凤林便是其中之一。

多年来，高凤林攻克技术难关 90 多个：他以最佳焊缝成型第一个完成美国 ABS 焊接取证认可；在长征二号火箭的焊接过程中，他提出多层快速连续堆焊加机械导热等一系列保证工艺性能的工艺方法，保障了长征二号火箭的如期发射；在国家 863 攻关项目 50 吨大氢氧发动机系统研制中，他突破理论禁区，创新性地混用焊头焊接超薄的特制材料；在公司民用产品真空炉的生产中，他提出的新焊接工艺比原方法提高工效 5 倍多，节约原材料 50%，实现系统批量化生产……科学家们为火箭提供理论上的设计图纸，而高凤林就处于将这份设想转换为现实的至关重要的一环，因此，人们将他称为“为火箭焊心的人”。据统计，高凤林为我国火箭焊接过的“心脏”占总数的近四成。

高凤林长期在艰苦的环境下工作，但正如他所说的那样：“岗位不同，作用不同，仅此而已，心中只要装着国家，什么岗位都光荣，有台前就有幕后。”高凤林一心为祖国的事业作贡献，甘于做祖国航天发展事业上一颗不起眼的螺丝钉，默默地发挥自己的作用。

资料来源：央视网. 高凤林：人生无悔献航天.（2023－09－21）[2025－05－30]. https://tv.cctv.com/2016/04/27/ARTI82AtmZcFwlxWiPZnB8mg160427_2.shtml. 有改动.

点评：有一颗精益求精的“匠心”，是对工作最好的尊重。高凤林在工作中始终严谨、认真地对待每一个工作环节，不放过任何一个细节，在日复一日的坚守中实现自己的人生价值，积极践行着“工匠精神”。他用最朴实的行动诠释了“精益求精、追求极致”的精髓。

二、工匠精神的时代意义

回顾历史，工匠精神培育了人才、积累了经验、创造了财富。匠心聚，百业兴。新征程上，我们比以往任何时候都更加需要工匠精神。在新时代大力弘扬工匠精神，对于凝心聚力全面建成社会主义现代化强国、实现中华民族伟大复兴，具有十分重要的意义。

（一）打造高素质产业工人队伍

高素质的产业、技术工人队伍是支撑中国制造、中国创造的基础，对推动经济、社会高质量发展具有重要作用。大国崛起需要制造业发挥作用，我国为实现制造强国的目标，需要培养更多高素质的产业劳动者。无论在传统制造还是现代智能制造领域，工匠始终是中国制造业的中坚力量。工匠们的守正创新、追求卓越是我国从“中国制造”走向“中国智造”的必要支撑。工匠精神不仅有利于提升产业工人的思想觉悟，而且有利于培养其专注的职业精神，从而助力产业发展。

（二）助力实现制造强国战略目标

制造业是立国之本、强国之基，发展高端制造业是国家的重大战略需求。面向未来，中国坚定不移继续深入实施制造强国战略。大力弘扬工匠精神，有助于巩固我国制造业中的“长板”、补足“短板”，完善我国制造业体系；有助于深入推进质量提升行动，促进以精工细作提升中国品质、以制造实力打造中国品牌，实现中国速度向中国质量转变、中国产品向中国品牌转变、中国制造向中国创造转变，并最终达成制造强国的目标。

（三）助力实施创新驱动发展战略

坚持把科技创新摆在国家发展全局的核心位置。大力弘扬工匠精神，有助于调动科技工作者的创新创造精神，集合人民群众的智慧和创造力，着力攻克关键核心技术，解决我国基础和关键领域的“卡脖子”难题；有助于坚定中国特色自主创新道路，推动我国掌握全球科技竞争先机，促进我国整体科技水平从跟跑向并行、领跑的战略性转变，并最终建成科技强国。

三、弘扬新时代工匠精神

工匠精神体现了工匠对自己的产品独具匠心、精雕细琢、精益求精、尽善尽美的坚持和追求，蕴含着严谨、执着、敬业、创新等可贵品质，已经渗透到各行各业的各个环节，具有很强的普适性、针对性和拓展性。

当今世界的发达国家，无一不是高度重视工匠精神的，其经济强国的地位都和其产业工人的工匠精神密不可分。工匠精神不仅是劳动者的职业准则，更是政府、企业的金色名片，是一个地方经济发展保持长盛不衰的原动力。

工匠精神的发扬光大不可能一蹴而就，除了推动企业家追求卓越、生产者耐心坚守、深化职业教育改革和培育职业精神，还需要改善社会文化环境，用规则制度引导人们的行为，以及每个人的身体力行。

（一）让工匠精神入脑入心

各地都有坚持贯彻工匠精神的出色企业及优秀员工，他们都在自己的领域精耕细作、造福社会。应大力将这些人的事迹推介出去，更多地向公众传递工匠精神、讲述工匠故事、表达工匠情怀，使工匠精神在各地蔚然成风，让“工匠精神”引领“中国创造”。这就要求宣传文化部门身先士卒，学习工匠的务实与敬业精神，培养和增强自身的看齐意识，脚踏实地践行工匠精神。要实在“学”，要对照“做”，真正把工匠精神内化于心、外化于行；贯彻在宣扬传播的细微处，如切如磋，如琢如磨，孜孜不倦、久久为功，确保“工匠精神”真正在全社会弘扬开来、落地生根。

（二）使工匠精神成为规制

再好的财富也要靠人来传承，再好的精神也要靠人来弘扬。要发扬光大工匠精神，应建立有效的激励机制，正确引导人们的行为，发挥好工匠人才的作用。通过采取一系列制度性措施，引导培育学生精益求精的行为习惯，形成体现工匠精神的行为准则和价值观念。当务之急是建立健全一整套工匠制度，并体现到职业教育、技术培训、市场准入、质量监管以及专利保护等各个方面，使精益求精者得到应有的回报，让违法违规者受到严厉的惩罚。

（三）把工匠精神外化于行

对具备工匠精神的人来说，工作不只是眼前的苟且，还有诗和远方。换言之，大凡敬业者，都把平凡的工作当作一种修行，定得住心、耐得住性，摒弃浮躁、务实求真，用责任感，拾工匠心，塑匠人魂。发扬光大工匠精神，是我们每个人都应该有的文化自觉和价值追求。

身为一般的从业者，理应做好本职工作，具有螺丝钉精神，在自己平凡的工作岗位上兢兢业业；需要在价值理念和实践上，从社会和公众的需要出发，日复一日、年复一年地向专业里的行家里手和能工巧匠靠拢，用工匠精神锻造出彩人生。

（四）将工匠精神延展出新

鲁班精于木工，创造了墨斗、刨子、钻子、锯子等工具；瑞士制表人对每一个零件、每一道工序、每一块手表都精心打磨、专心雕琢。尽管每个国家、每个时代工匠们创造的产品不同，但无一例外，他们都有所改进、有所创新，并一直延续至今。现在，全面深化改革创新的力度进一步加大，各行各业的从业者面对当前工作中遇到的新情况、新问题，同样离不开发扬工匠精神。积极扩大工匠精神之外延，主动丰富其内涵，既是时代之需，也是职责所系，更是成长、成才的必由之路。学生应勇于开拓，奋发进取，大胆探索，博采众长，在工作理念、工作机制、工作载体和工作方法上寻求新的突破。

实践活动

演话剧，颂匠心

学习、弘扬、践行工匠精神，是对每个肩负中华民族伟大复兴任务的职业从业者的要求。作为国家未来的高素质技能人才，我们应为营造劳动光荣的社会风尚和精益求精的敬业风气而努力，为成为知识型、技能型、创新型劳动者大军中的一员而奋斗，自觉传承、践行工匠精神。

一、活动名称

演话剧，颂匠心。

二、活动内容

6～10 人为一组，围绕大国工匠或你喜欢的匠心故事排一场话剧，讲述匠人奋斗故事，感受匠心力量，传承工匠精神。

三、过程记录

选定人物：

故事脉络：

____

____

____

____

排演要点及完成情况：

____

____

____

心得体会：

____

____

____

____

____

四、活动总结

教师可参考表 6－1 对小组的话剧表演进行评价。

表 6－1　活动评价表

评价标准	评价细则	分值	分数小计	教师评价
剧本构思	剧本主题符合要求	10 分		
	剧情编排合理	15 分		
	构思巧妙，很好地展现了工匠精神	15 分		
表演水平	舞台表现感染力强	10 分		
	语言流利	10 分		
	小组成员配合默契	10 分		
	表情及眼神到位	10 分		
舞台效果	服装、道具使用恰当	10 分		
	表演完整，反响热烈	10 分		

项目七 保障劳动者权益

项目概述

劳动权益是指劳动者在劳动过程中应享有的各项权利和利益。保障劳动者的基本权利和利益，确保其在劳动过程中得到公正的对待和合理的回报。这既是社会公平正义的需要，也是推动经济发展和社会进步的重要保障。本项目将介绍劳动者享有的权益，中职生的实习和就业权益及权益保护，以培养学生法律意识和法治思维，引导学生学会运用所学知识维护自己的合法权益，懂得运用正确的方法和途径来解决劳动争议。

学习目标

目标维度	具体内容
知识目标	1. 了解劳动者权益的含义。 2. 了解我国劳动者享有的主要权利。 3. 了解中职生实习和就业权益。
能力目标	1. 学会运用法律手段解决在职场中可能遇到的相关法律问题。 2. 能运用劳动合同规避就业风险，识别、防范常见的就业陷阱。 3. 能运用相关法律法规处理常见的劳动争议。
素养目标	1. 培养学习与劳动相关法律法规的兴趣，形成良好的职业道德素养。 2. 树立法治观念和法律意识。

榜样引领

申纪兰：倡导并推动"男女同工同酬"写入宪法

申纪兰，曾任山西省平顺县西沟村党总支副书记，第一届至第十三届全国人大代表。她积极维护新中国妇女劳动权利，倡导并推动"男女同工同酬"写入宪法。改革开放以来，她勇于改革，大胆创新，为发展农业和农村集体经济，推动老区经济建设和老区人民脱贫攻坚做出巨大贡献，荣获"全国劳动模范""全国优秀共产党员""全国脱贫攻坚'奋进奖'""改革先锋"等称号。

她是一位普通的农家妇女，也是唯一连任13届的全国人大代表。几十年来，她初心不变，奋斗不止，为当地脱贫和建设做出巨大贡献。用她自己的话说，“按照党的要求干，就没有什么干不成的事。”1951年西沟村成立初级农业合作社时，她成了副社长。这对奉行“好男走到县，好女不出院”古训的山里人来说，已让人刮目相看。但在她心里，有一道坎始终过不去：为啥妇女的劳动报酬要少一半？申纪兰介绍说，按照当时的分工计酬方式，如果男人干一天活记10个工分，那么妇女只能记5个，不平等的报酬挫伤着妇女的劳动积极性。村里本来是男女共同协作劳动的，经申纪兰申请，社里专门给女社员划出一块地，和男社员进行劳动竞赛。被发动起来的妇女为了争取自己的权益，始终在田间争分夺秒。最后，女社员赢得了竞赛。

在申纪兰和西沟妇女们的不懈努力下，太行山深处的这个小山村，在全国率先实现男女同工同酬。1954年，申纪兰当选为全国第一届人大代表，在第一届全国人民代表大会上，“男女同工同酬”被正式写入宪法。

资料来源：汪永智，郭宏才，荣爱珍．劳动教育．北京：北京理工大学出版社，2021.

劳动箴言

应该记住，我们的事业，需要的是手，而不是嘴。

——童第周

任务一　认识劳动者权益

每位学生都将面临就业问题，在就业过程中清楚劳动者权益，有利于维护自身的合法权益，在从事社会劳动过程中更好地实现自身价值。

一、劳动者权益的含义

劳动者权益是指劳动者在劳动过程中依法享有并得到法律保障的权利。劳动者权益包括平等就业、选择职业的权利、取得劳动报酬的权利、休息休假的权利、获得劳动安全卫生保护的权利、接受职业技能培训的权利、享受社会保险和福利的权利、提请劳动争议处理的权利以及法律规定的其他劳动权利。

二、我国劳动者享有的主要权利

为了保护劳动者的合法权益，调整劳动关系，建立和维护适应社会主义市场经济的劳动制度，促进经济发展和社会进步，国家先后制定了《中华人民共和国劳动法》和

《中华人民共和国劳动合同法》等法律法规，对劳动者的权利做出明确规定，为维护劳动者的合法权利提供了法律依据。

知识链接

《中华人民共和国劳动法》

《中华人民共和国劳动法》（以下简称《劳动法》）于1995年1月1日起施行并分别于2009年和2018年进行了修正。它是为了保护劳动者的合法权益，调整劳动关系，建立和维护适应社会主义市场经济的劳动制度，促进经济发展和社会进步而制定的。

《劳动法》共13章，具体包括总则、促进就业、劳动合同和集体合同、工作时间和休息休假、工资、劳动安全卫生、女职工和未成年工特殊保护、职业培训、社会保险和福利、劳动争议、监督检查、法律责任、附则。

（一）平等就业与选择职业的权利

每个劳动者都拥有平等就业和选择职业的权利。所谓平等就业，就是指在劳动就业中实行男女平等及民族平等的原则。招工时不得歧视妇女，不得歧视少数民族的劳动者，男女之间及不同民族之间应一视同仁。在录用职工时，除国家规定的不适合妇女的工种或者岗位外，不得以性别为由拒绝录用妇女或者提高对妇女的录用标准。在劳动和工作的调配方面应根据实际情况，对妇女予以必要的照顾。根据政策等对少数民族应有适当的照顾，在工资方面应贯彻同工同酬的原则。

（二）取得劳动报酬的权利

根据《中华人民共和国劳动法》的规定，用人单位应当按照劳动合同约定和国家规定，向劳动者及时足额支付劳动报酬。取得劳动报酬是每个劳动者享有的权利。

1. 工资

工资是用人单位或者雇主依据法律规定，或行业规定，或根据与员工之间的约定，以法定货币对员工的劳动所支付的报酬，是劳务报酬（劳酬）中的一种主要形式。工资必须在用人单位与劳动者约定的日期支付。如遇节假日或休息日，则应提前在最近的工作日交付。工资至少每月支付一次，实行周、日、小时工资制的可按周、日、小时支付工资。

2. 加班工资

加班工资也叫加班费，是指劳动者按照用人单位生产和工作的需要在规定工作时间之外继续生产劳动或者工作所获得的劳动报酬。

劳动者在完成劳动定额或规定的工作任务后再安排工作的，用人单位应当按照下列标准支付加班工资：

（1）安排劳动者延长工作时间的，支付不低于工资150%的工资报酬；

（2）休息日安排劳动者工作又不能安排补休的，支付不低于工资200%的工资报酬；

（3）法定休假日安排劳动者工作的，支付不低于工资 300% 的工资报酬。

（三）享有休息休假的权利

1. 休息权

休息是指劳动者在任职期间，在国家规定的法定工作时间以外，无须履行劳动义务而自由支配的时间。休息时间包括工作日内的间歇时间、工作日之间的休息时间和公休假日。

休息权是指劳动者为保护身体健康和提高劳动效率而休息和休养的权利。我国实行标准工时制度。在标准工时制下，劳动者每日工作时间不超过 8 小时、每周工作时间不超过 40 小时；部分企业因工作性质和生产特点不能实行标准工时制度的，应保证劳动者每日工作时间不超过 8 小时、每周工作时间不超过 40 小时，每周至少休息 1 日。

2. 休假权

休假是指劳动者无须履行劳动义务且一般有工资保障的法定休息时间。休假权是相对于劳动权而言的，人们有劳动的义务和权利，同时也有休假的权利，用人单位有给予劳动者休假时间的义务。

法定节假日：是指由法律统一规定的用以开展纪念、庆祝活动的休息时间。用人单位在元旦、春节、国际劳动节、国庆节以及法律、法规规定的其他休假节日期间应当依法安排劳动者休假。

年休假：是指职工工作满一定年限，每年可享有的保留工作岗位、带薪连续休息的时间。机关、团体、企业、事业单位、民办非企业单位、有雇工的个体工商户等单位的职工连续工作 1 年以上的，享受带薪年休假。职工年休假期间享受与正常工作期间相同的工资收入。国家法定休假日、休息日不计入年休假的假期。

课堂互动

“人民日报评论”微信公众号发表《崇尚奋斗，不等于强制 996》锐评：“我们的企业不仅要依靠员工的汗水，更要激发员工的灵感；不仅要让员工更努力地工作，更要激发员工更高效地工作；不仅要靠加班工资的激励，更要让家人的陪伴、身体的健康、意义的饱满也成为工作的奖赏。”

你是如何看待“996”现象的？

（四）获得劳动安全和卫生保护的权利

在劳动生产过程中存在各种不安全和不卫生因素，如不采取措施加以保护，就会危害劳动者的生命安全和身体健康，甚至妨碍生产的正常进行。劳动者有权要求改善劳动条件和加强劳动保护，保证在生产过程中能够安全和健康。

劳动者在劳动过程中必须严格遵守安全操作规程，对用人单位管理人员违章指挥及强令冒险作业等有权拒绝执行；对危害生命安全和身体健康的行为有权提出批评、检举和控告。从事特种作业的劳动者必须经过专门培训并取得特种作业资格。

（五）享受社会保险福利的权利

享受社会福利保险是每个劳动者都拥有的劳动权利，我国宪法明确规定：中华人民共和国公民在养老、疾病或者丧失劳动能力的情况下，有从国家和社会获得物质资助的权利。劳动者享受的社会保险和福利权也就是劳动者享受的物质帮助权。

用人单位和劳动者必须依法参加社会保险，缴纳社会保险费。国家鼓励用人单位根据本单位实际情况为劳动者建立补充保险，提倡劳动者个人进行储蓄性保险。将基本保险、补充保险和储蓄性保险相结合，使劳动者享受的社会保险待遇得到切实保障。

（六）接受职业技能培训的权利

职业技能培训权是劳动者有要求接受职业技能的教育和训练的权利，并可根据这一权利享受相应的待遇的权利。国家通过各种途径，采取各种措施，发展职业培训事业，开发劳动者的职业技能，提高劳动者素质，增强劳动者的就业能力和工作能力。

我国劳动者的职业培训权主要表现在劳动者在职培训中，但也包括就业前培训。劳动者在就业之后的职业培训权主要有：获得参加各种职业培训资格的权利；进行特殊培训的权利；获得职业培训证书或资格证书的权利。

（七）提请劳动争议处理的权利

劳动争议涉及劳动者的健康安全、工作和生活的各个方面，关系劳动者的切身利益，因此一旦劳动争议出现，劳动者就有权请求处理。

解决劳动争议应当根据合法、公正和及时处理的原则，依法维护劳动争议当事人的合法权益。

任务二 了解中职生实习就业权益

岗位实习是中等职业学校实践教学的重要环节，也是培养学生良好职业素养、职业精神、职业能力的重要课程。中职生的劳动权益保障，主要集中在实习权益和就业权益两大方面。

一、实习权益

（一）学生实习

职业学校学生实习是指职业院校学生按照专业培养目标要求和人才培养方案安排，由职业学校安排或者经职业学校批准自行到企（事）业等单位进行职业道德和技术技能培养的实践性教育教学活动。

学生实习是学校教学活动的延伸，是实践教学的重要环节。学生实习是提高学生实践技能的重要途径，也能培养学生吃苦耐劳的精神，提升自己未来在职场中的就业竞争力。

（二）实习的政策和规定

1. 实习形式

认识实习即学生由职业学校组织到实习单位参观、观摩和体验，形成对实习单位和相关岗位的初步认识的活动。

岗位实习即具备一定实践岗位工作能力的学生，在专业人员指导下，辅助或相对独立参与实际工作的活动。

2. 实习组织

教育主管部门负责统筹指导职业学校学生实习工作；职业学校主管部门负责职业学校实习的监督管理；职业学校是组织学生实习的主体，应将学生岗位实习情况按要求报主管部门备案。

3. 实习协议

实习协议应当明确各方的责任、权利和义务，协议约定的内容不得违反相关法律法规。实习协议应当包括但不限于以下内容：

（1）各方基本信息；

（2）实习的时间、地点、内容、要求与条件保障；

（3）实习期间的食宿、工作时间和休息休假安排；

（4）实习报酬及支付方式；

（5）实习期间劳动保护和劳动安全、卫生、职业病危害防护条件；

（6）责任保险与伤亡事故处理办法；

（7）实习考核方式；

（8）各方违约责任；

（9）三方认为应当明确约定的其他事项。

（三）职业院校学生实习的主要权利

1. 签订三方实习协议的权利

《职业学校学生实习管理规定》中要求，学生参加岗位实习前，职业学校、实习单位、学生三方必须以有关部门发布的实习协议示范文本为基础签订实习协议，并依法严格履行协议中有关条款。未按规定签订实习协议的，不得安排学生实习。

2. 要求支付相应报酬的权利

接收学生岗位实习的实习单位，应当参考本单位相同岗位的报酬标准和岗位实习学生的工作量、工作强度、工作时间等因素，给予适当的实习报酬。

3. 不缴纳额外费用的权利

职业学校和实习单位不得向学生收取实习押金、培训费、实习报酬提成、管理费、实习材料费、就业服务费或者其他形式的实习费用，不得扣押学生的学生证、居民身份证或其他证件，不得要求学生提供担保或者以其他名义收取学生财物。

4. 要求保障自身人身和财产安全的权利

在遇有自然灾害、事故灾难、公共安全等突发事件或重大风险时，按照属地管理要求，分不同风险等级、实习阶段做好分类管控工作。

学生在实习期间受到人身伤害，属于保险赔付范围的，由承保保险公司按保险合同赔付标准进行赔付；不属于保险赔付范围或者超出保险赔付额度的部分，由实习单位、职业学校、学生依法承担相应责任；职业学校和实习单位应当及时采取救治措施，并妥善做好善后工作和心理抚慰。

5. 要求学校为自己投保实习责任险的权利

职业学校和实习单位应当根据法律、行政法规，为实习学生投保实习责任保险。责任保险范围应当覆盖实习活动的全过程，包括学生实习期间遭受意外事故及由于被保险人疏忽或过失导致的学生人身伤亡，被保险人依法应当承担的赔偿责任以及相关法律费用等。

学生实习责任保险的费用可按照规定从职业学校学费中列支；免除学费的可从免学费补助资金中列支，不得向学生另行收取或从学生实习报酬中抵扣。职业学校与实习单位达成协议由实习单位支付学生实习责任保险投保经费的，实习单位支付的投保经费可从实习单位成本（费用）中列支。鼓励实习单位为实习学生购买意外伤害险，投保费用可从实习单位成本（费用）中列支。

二、就业权益

（一）劳动合同的订立

1. 劳动合同的含义

劳动合同是劳动者与用人单位确立劳动关系，明确双方权利和义务的协议。劳动合同是证明用人单位和劳动者建立劳动关系的基本依据，是处理劳动争议中的核心证据。在就业过程中，签订劳动合同是明确用人单位和劳动者权责利的重要凭证。

2. 劳动合同订立的主体

劳动合同订立的主体，是指谁有权订立劳动合同。具体地说，即劳动者和用人单位。在我国，劳动者是为用人单位提供劳动力的自然人，通常也被称为职工、工人和雇员。劳动法律关系所涉及的劳动者，是指依据劳动法律和劳动合同规定，在用人单位从事体力或脑力劳动，并获取劳动报酬的自然人。

作为劳动者，必须具备法律规定的下列条件：

（1）年龄条件：劳动法规定，劳动者的最低就业年龄是 16 周岁，不满 16 周岁不能就业，不能与用人单位发生劳动法律关系。我国法律禁止用人单位招用未满 16 周岁的自然人就业，否则将承担相应的法律责任。对有可能危害未成年人健康、安全或道德的职业或工作，劳动法规定劳动者的年龄不应低于 18 周岁。如劳动法规定禁止用人单位雇用不满 18 周岁的劳动者从事过重、有毒、有害的劳动或者危险作业。

（2）劳动能力条件：由于劳动者进行劳动只能由劳动者亲自进行，因此要求劳动者必须具有劳动能力。而且对于一些特定的行业，劳动者的劳动能力还必须满足该行业的特殊要求，如患有传染病的人不能从事餐饮业。劳动者的劳动能力还应包括劳动者必须具备的行为自由。因为有劳动能力的自然人还需要具有行为自由，才能以自己的行为去参加劳动。所以，被依法剥夺人身自由的自然人，不能与用人单位建立劳动关系。另外，我国法律对劳动者的国籍没有限制性规定，我国公民、外国公民和无国籍人，只要具备我国劳动法规定的条件，都可以成为我国的劳动者。

3. 劳动合同订立的时间

根据《中华人民共和国劳动合同法》的规定，用人单位与劳动者签订劳动合同，可以在用工前，也可以在用工开始时，还可以在用工后，但不超过用工之日起一个月以内。确定劳动关系的时间是用工之日，而非劳动合同签订之日。

4. 劳动合同订立的形式

根据《中华人民共和国劳动合同法》的规定，用人单位与劳动者建立劳动关系，应当建立书面劳动合同。人力资源社会保障部办公厅发布的《人力资源社会保障部办公厅关于订立电子劳动合同有关问题的函》（人社厅函〔2020〕33 号），明确了用人单位和劳动者协商一致，可以签订电子劳动合同。

非全日制用工的情况下，当事人双方可以订立口头协议。

（二）劳动合同的主要内容

1. 劳动合同的必备条款

劳动合同的必备条款，也叫法定条款，是指在劳动合同中必须包含的内容。主要有以下部分：用人单位的名称、住所和法定代表人或者主要负责人；劳动者的姓名、住址和居民身份证或者其他有效身份证件号码；劳动合同的期限；工作内容和工作地点；工作时间和休息休假；劳动报酬；社会保险；劳动保护、劳动条件和职业危害防护；法律、法规规定劳动合同的其他事项。

2. 劳动合同的约定条款

劳动合同的约定条款，也叫协商条款，是指在劳动合同中，用人单位和劳动者可以进行协商和约定的条款。主要包括试用期约定、培训约定、保密约定、补充约定、待遇约定。劳动合同的条款分为法定条款和协商条款，法定条款是指法律法规规定必须协商约定的条款，协商条款是指根据工种、岗位的不同特点以及双方各自的具体情况，由双方选择协商约定的具体条款。

（三）劳动合同的履行

劳动合同的履行是指当事人双方按照劳动合同规定的条件，履行自己所应承担义务的行为。

（四）劳动合同的变更

用人单位与劳动者协商一致，可以变更劳动合同约定的内容。变更劳动合同，应当采用书面形式。变更后的劳动合同文本由用人单位和劳动者各执一份。

（五）劳动合同的解除

1. 劳动合同解除的概念

劳动合同解除是指在劳动合同有效成立以后，当解除的条件具备时，因当事人一方或双方的意思表示，使劳动合同将来消灭的行为。

2. 劳动合同解除的形式

劳动合同解除的形式有协商解除和法定解除两种。

协商解除是指劳动合同订立后，双方当事人因某种原因，在完全自愿的基础上协商一致，提前终止劳动合同，结束劳动关系。劳动合同法规定劳动合同经当事人双方协商一致而解除。

法定解除是指出现国家法律、法规或合同规定的可以解除劳动合同的情况时，不需双方当事人一致同意，合同效力可以自然或单方提前终止。法定解除分为劳动者的单方解除和用人单位的单方解除。

案例点评

劳动关系能不能解除？

汤敏刚刚应聘到一家科技公司上班，当初公司正式录用汤敏时，与她签订了为期两年的劳动合同，并在合同中规定，试用期为两个月。可是，从上班的第一周开始，公司就找各种理由要求汤敏等员工经常加班，而且劳动强度非常大。为此，汤敏上班半个月后，就不想再继续干了。谁料，汤敏的辞职请求却被公司拒绝了。汤敏现在很迷茫，不知道公司这种强迫自己继续工作的行为是不是可以作为她解除劳动关系的理由，如果劳动关系解除了，自己需不需要承担相应的法律责任。

资料来源：刘国胜，柳波，袁炯. 大学生劳动教育. 北京：人民邮电出版社，2021.

点评：根据《劳动合同法》第三十七条的规定，劳动者提前30日以书面形式通知用人单位，可以解除劳动合同；劳动者在试用期内提前3日通知用人单位，可以解除劳动合同。虽然本案例的主人公汤敏与公司签订了劳动合同，但在试用期内发现用人单位工作不利于自己发展的，可以果断行使解除劳动合同的权利，并且，处于试用期的劳动者不必向用人单位说明任何原因和理由，只需要提前3天通知用人单位即可。

（六）劳动合同的终止

1. 劳动合同终止的概念

合同终止是指因发生法律规定或当事人约定的情况，使合同当事人之间的权利义务关系消灭，使合同的法律效力终止。劳动合同终止，是指劳动合同的法律效力依法被消灭，即劳动合同所确立的劳动关系由于一定法律事实的出现而终结，劳动者与用人单位之间原有的权利和义务不复存在。

劳动合同终止，意味着劳动合同当事人协商确定的劳动权利和义务关系已经结束，此时，用人单位应当依法办理终止劳动合同的有关手续。

2. 劳动合同终止的情形

劳动合同终止的情形有劳动合同期满的；劳动者开始依法享受基本养老保险待遇的；劳动者死亡或者被人民法院依法宣告死亡或者宣告失踪的；用人单位被依法宣告破产的；用人单位被吊销营业执照、责令关闭、撤销或者用人单位决定提前解散的；法律、行政法规规定的其他情形。用人单位与劳动者不得约定除上述情形之外的其他劳动合同终止的条件。

任务三　保护中职生劳动权益

由于维权意识缺失、法律观念淡薄等原因，中职生在实习或者工作期间时，劳动权益受到侵害的事件屡有发生。为了维护自身劳动权益，需要我们掌握劳动维权知识，正确分辨实习和就业过程中的陷阱，学会在劳动权益受到侵害时运用法律武器来维护自身的合法权益。

一、当心就业陷阱

在毕业应聘求职过程中，很多不法企业利用学生社会经验不足而且急于找工作的迫切心情，设置了各式各样的就业陷阱，严重损害了中职学生的合法权益，造成了恶劣的社会影响。这就需要中职学生树立风险意识，避免上当受骗。

就业陷阱是指招聘单位、其他机构或个人利用求职者弱势地位，以提供就业机会为诱饵，采用违法、悖德等手段，骗取求职者钱财，或者与求职者达成权利义务不对等的各类就业意向（协议），侵犯求职者合法权益的现象。

毕业生在求职过程中，经常会遇到各种不同的就业陷阱。在这些陷阱中，主要的陷阱有招聘陷阱、协议陷阱、试用期陷阱和劳务陷阱。

（一）招聘陷阱

1. 高薪引诱

部分毕业生错误估计就业形势，在刚毕业时就想找一份工资待遇高、时间自由、单位管理比较宽松等优厚条件的工作。部分不法分子抓住这些毕业生的错误想法，在招聘时向学生承诺提供一般工作薪酬的几倍甚至十多倍薪酬来引诱这些毕业生去求职面试，但实际上在学生求职成功后，让学生从事色情、传销、高利贷催收等违法工作，最后使毕业生走上违法犯罪的道路。

2. 虚假招聘

有些单位为了达到骗取毕业生钱财的目的，采取各种手段给毕业生设陷阱，从而骗取毕业生钱财。这类单位的主要特征是常年招聘，永远招不满。这类单位骗取钱财的主要手段有以下几个方面：

（1）假入职，真收费。不法单位通过招聘会、招聘网站等多种手段进行招聘，在毕业生入职时，以服装费、保证金、押金和资料费等多种形式向员工收取各种费用。在员工离职时，单位又以各种名义缓退或不退相关费用，把员工所交费用占为己有。

（2）假体检，真骗钱。招聘单位承诺优厚的工资待遇，要求新入职员工到指定医疗机构入职体检，与毕业生约定体检费由求职者自费或者垫支，承诺转正后再由用人单位支付。体检结束后，招聘单位以体检不合格或者在入职后安排一些无法完成的工作把毕业生辞退，从而骗取毕业生的体检费。

3. 扣押证件

部分招聘单位为达到掌控毕业生、防止员工辞职等不可告人的目的，在招聘毕业生时，往往会扣押毕业生的身份证、毕业证、职称证和暂住证等证件，在毕业生辞职离开或其他情况时，以各种理由不予退还，甚至还利用这些证件去违规办理贷款等业务，给毕业生造成重大的损失。

（二）协议陷阱

1. 口头承诺

一些用人单位与毕业生就责、权、利达成口头约定，并不签订书面正式文本。一些求职心切、涉世未深的毕业生极易相信用人单位这些口头承诺。其实这种口头承诺是最不靠谱的，一旦发生纠纷，用人单位就会极力否认，口头承诺就会化成泡影。

2. 不平等协议

部分毕业生缺乏维权意识，在求职过程中处于弱势地位，为了保住来之不易的工作机会，对用人单位提出的不平等条款不敢提出异议，使就业协议成为霸王合同。

（三）试用期陷阱

1. 只约定试用期，索取廉价劳动力

个别企业为赚取廉价劳动力，实现利益最大化，只与毕业生签订试用期合同，试用期合同到期后就把学生辞退，再到学校招聘新的毕业生，以此循环往复。

2. 试用期过长，侵害学生利益

由于试用期的工资与转正后的工资相比存在较大的差距，有的企业与毕业生约定的试用期严重超过劳动合同法规定的试用期期限。有的单位不管劳动合同期限的长短，与毕业生约定的试用期短则六个月，长则一年，甚至有的单位找各种理由和借口反复与毕业生签订试用期合同，延长试用期。

3. 违反法律规定，降低试用期工资

有的单位利用自己的地位优势，针对毕业生对劳动合同法不了解又急于找工作的现状，在录用毕业生时违反劳动合同法的规定，降低毕业生试用期工资或者不支付毕业生加班工资，甚至不支付试用期工资，降低自己的用人成本。

（四）劳务陷阱

1. 全日制用工与非全日制用工陷阱

部分单位的工作是重复性劳动，对劳动者的专业素质要求不高。这些单位为节约成本，利用毕业生对全日制用工与非全日制用工不清楚这一特点，在招聘的时候混淆非全日制用工与全日制用工的区别，法律规定的哪个条款对用人单位有利，用人单位就用哪个条款（例如在非全日制用工中约定试用期），从而侵犯毕业生的合法权益。

2. 劳动合同与劳务派遣合同陷阱

由于毕业生对劳动合同法的相关知识不甚了解，再加上用人单位的错误引导，毕业生往往把劳动合同与劳务派遣合同混为一谈，损害自身的利益。劳动合同用工是我国企业的基本用工方式，劳动合同是劳动者与用人单位之间签订的合同，劳动者是用人单位的员工；而劳务派遣用工是我国企业用工的补充形式，只能在临时性、辅助性或者替代性的工作岗位上实施，是劳动者与劳务派遣单位签订的合同，劳动者不是用人单位的员工。

二、规避就业风险

为避免上当受骗，损害自身的合法权益，需要毕业生掌握劳动招聘、劳动履行、纠纷解决和法律责任等知识，规避就业风险，维护自己的合法权益。

（一）学习法律知识

毕业生在就业之前应主动学习《中华人民共和国劳动合同法》和《中华人民共和国劳动法》等劳动法律知识，做到心中有数；在签订合同之前把合同的主要条款告知专业人士，请其帮忙把控，防止上当受骗。

（二）选择正规求职渠道

在线上，毕业生在就业时应选取正规招聘网站；在线下，毕业生应参加学校、教育行政主管部门和各级人民政府组织的招聘会，不参加非正规单位组织的招聘会，从根源上防止招聘诈骗。

（三）保管好个人证件

毕业生在求职应聘时，对用人单位扣押身份证、学历证和职称证原件等证件的不合理、不合法的要求与做法应严词拒绝，即使是提供复印件也应该在复印件上注明用途，用作其他事项一律无效，这也是防止不法分子利用毕业生的相关证件做违法犯罪的活动，从而侵犯毕业生的合法权益。

（四）认定单位资质

毕业生在参加招聘会之前应通过企业资质查询软件等多种手段和方式确定举办该招聘会的中介机构是否具备劳动保障部门颁发的劳务中介许可证、工商部门颁发的营业执照等证照，确认其是否具有相应的资质。面试成功后，毕业生不要急于与招聘单位签订劳动合同，还应该通过企业资质查询软件等手段，了解企业是否具有签订合同的资质以及企业经营状况，以确保签订的合同是合法有效的。

（五）端正就业心态

在校期间首先应刻苦学习，掌握好专业知识，提升自己的专业能力，为就业打好坚实的基础；其次要全面客观地认识自己，认清自己的真实水平；最后调整好就业心态，要相信“一分耕耘一分收获”和“天上不会掉馅饼”，不要随便相信高工资、高福利、挣钱快的就业信息，任何成功都需要经过努力才能获得，在面试时要保持清醒的头脑。

（六）维护合法权益

在工作过程中，毕业生如果发现用人单位有侵犯自己合法权益的行为，一方面要求用人单位纠正其错误行为，另一方面要注意保留好用人单位违法的证据，便于在以后的维权过程中维护自己的合法权益。如果出现用人单位拒不纠正错误的，及时提出终止合同，以免造成更大的损失。

三、解决劳动争议

在劳动合同的履行过程中，与用人单位就劳动合同的订立、休息休假、社会保险、劳动报酬和经济补偿等方面发生争议，有无法达成一致意见的情况，这就需要毕业生掌握我国劳动争议解决的知识来维护自己的合法权益。

（一）劳动争议的内涵

劳动争议是劳动关系当事人之间因实现劳动权利、履行劳动义务问题发生的争议。我国劳动争议主要包括因确立劳动关系发生的争议；因订立、履行、变更、解除和终止劳动合同发生的争议；因除名、辞退、辞职和离职发生的争议；因工作时间、休息休假、社会保险、福利、培训以及劳动保护发生的争议；因劳动报酬、工伤医疗费、经济补偿金或赔偿金等发生的争议和法律、法规规定的其他劳动争议。

（二）劳动争议的解决方法

面对纷繁复杂的劳动争议，为了更好地解决劳动争议，我国劳动合同法规定，劳动者和用人单位可以通过劳动协商、劳动调解、劳动仲裁和劳动诉讼来解决劳动争议。

1. 劳动协商

劳动协商也称劳动和解，是指发生劳动争议的双方当事人在没有第三方的参与下，通过平等对话、互谅互让并做出必要妥协而达成和解的处理方式。

在实践中，劳动者可以与用人单位对话协商，也可以请工会或者第三方共同与用人单位协商，经过双方讨价还价后，达成和解协议，解决劳动争议。双方当事人达不成和解协议或达成和解协议后又不履行的，可以向调解组织申请调解，也可以不经过调解直接向劳动争议仲裁机构申请仲裁。

劳动协商不是劳动争议解决的必经程序。劳动争议发生后，双方当事人可以协商，也可以不经协商，直接向劳动调解组织申请调解或者直接向劳动争议仲裁机构申请劳动仲裁。

2. 劳动调解

劳动调解是指通过劳动争议调解组织对双方当事人进行疏导说服，促使双方相互谅解，自愿就争议事项依法达成调解协议，从而使劳动争议得以解决的方法。我国当前的劳动争议调解组织主要包括企业劳动争议调解委员会、依法设立的基层人民调解组织和在乡镇和街道设立的具有劳动争议调解职能的组织。

在实践中，劳动争议发生后，双方当事人不愿协商、协商不成或者达成和解协议后又不履行的，双方当事人自愿向劳动争议调解组织提出的调解请求，劳动争议调解组织就双方当事人提出的申请进行调解，达成调解协议，解决劳动争议。申请调解可以采用口头形式或书面形式。劳动争议达成调解协议后，应当制作调解协议书，由双方当事人签名或盖章，经调解员签名并加盖调解组织印章后生效。双方当事人达不成调解协议或者达成调解协议后，一方当事人在协议约定期限内不履行调解协议的，当事人可以依法向劳动争议仲裁机构申请仲裁。

劳动调解并非解决劳动争议的必经程序。双方当事人在劳动争议发生后可以申请调解，也可以不申请调解，直接向劳动争议仲裁机构申请劳动仲裁。

3. 劳动仲裁

劳动仲裁是指劳动争议仲裁委员会对劳动争议当事人双方争议的事项，依法进行仲裁的活动。劳动争议仲裁不收费，劳动争议仲裁委员会的经费由财政予以保障。

在实践中，劳动争议发生后，如果双方当事人不愿协商、不愿调解、调解不成或者达成调解协议后不履行的，双方当事人可以向劳动合同履行地或用人单位所在地的劳动争议仲裁委员会申请仲裁。如果双方当事人分别向劳动合同履行地或用人单位所在地的劳动争议仲裁委员会申请仲裁的，由劳动合同履行地的劳动争议仲裁委员会管辖。劳动争议申请仲裁的时效期间为一年，从当事人知道或者应当知道其权利被侵害之日起计算。当事人申请仲裁应当提交书面的仲裁申请，但书写仲裁申请确有困难的，可以口头申请。

劳动争议仲裁在仲裁过程中采用先行调解、公开仲裁和回避等制度。劳动争议仲裁要经过申请、受理、审理和执行四个程序。劳动仲裁裁决采用少数服从多数原则。裁决按照多数仲裁员的意见做出，仲裁庭不能形成多数意见时，裁决应当按照首席仲裁员的意见做出，从而解决劳动争议。

劳动争议仲裁是劳动诉讼的必经程序，没有经过劳动仲裁就不能向人民法院提起劳动诉讼。当事人对劳动争议仲裁结果不服的，可以在法律规定时间内向人民法院提起劳动诉讼。没有在规定时间提起诉讼的，仲裁裁决书发生法律效力。

4. 劳动诉讼

劳动诉讼是指人民法院在劳动争议双方当事人和其他诉讼参与人的参加下，依法审理和判决劳动争议案件的活动。劳动诉讼是劳动争议处理的最后程序。

（1）劳动诉讼的提起。劳动仲裁是提起劳动诉讼的前提。劳动争议发生后，劳动合同的当事人只有在下列情形下才能提起劳动诉讼：第一，对劳动争议仲裁委员会不予受理或者逾期未作出决定的，申请人可以就该劳动争议事项向人民法院提起诉讼；第二，劳动者对劳动争议的终局裁决不服的，可以自收到仲裁裁决书之日起 15 日内向人民法院提起诉讼；第三，当事人对终局裁决情形之外的其他劳动争议案件的仲裁裁决结果不服的，可以自收到仲裁裁决书之日起 15 日内向人民法院提起诉讼；第四，终局裁决被人民法院裁定撤销的，当事人可以自收到裁决书之日 15 日内向人民法院提起诉讼。

（2）劳动诉讼的审理。劳动诉讼的审理依照《中华人民共和国民事诉讼法》的规定进行，实行合议制度、回避制度、公开审理制度和两审终审制度。

合议制度是指由三名以上审判人员组成审判组织，代表法院行使审判权，对案件进行审理并做出裁判的制度。人民法院在审理第一审劳动诉讼案件，除适用简易程序外，一律由审判员、陪审员共同组成合议庭或者由审判员组成合议庭。人民法院在审理第二审民事案件由审判员组成合议庭。合议庭的成员，应当是三人以上的单数。

回避制度是指参与某案件劳动诉讼活动的审判人员、书记员、翻译人员、鉴定人员和勘验人员是本案当事人或者当事人、诉讼代理人近亲属的，或者与本案有利害关系的，或者与本案当事人、诉讼代理人有其他关系，可能影响对案件公正审理的，应当自行回避。上述人员接受当事人、诉讼代理人请客送礼，或者违反规定会见当事人、诉讼代理人的，当事人有权要求他们回避。当事人有权用口头或者书面形式申请他们回避。

公开审理制度是指人民法院的审判活动依法向社会公开的制度。公开审判包括审判过程公开和审判结果公开。人民法院在审理劳动诉讼案件时，除涉及国家秘密、个人隐私或法律另有规定外，应当公开审理。公开审理的案件应当在开庭前公告当事人姓名、案由和开庭的时间、地点，以方便群众旁听。不论案件是否公开审理，一律公开宣告判决。

两审终审制度是指一个诉讼案件经过两级人民法院审判后即终结的制度。一个劳动争议案件经过第一审人民法院审判后，当事人如果不服，可以在收到判决书之日 15 日内或者在收到裁定书之日 10 日内向上一级人民法院提起上诉，由该上一级人民法院进行二审。二审法院的判决、裁定是终审的判决、裁定。

实践活动

我是普法宣传员

由于中职生在校期间缺少对劳动法律法规知识的系统学习，且欠缺社会经验，在求职的过程中，面对各种各样的就业陷阱及侵权行为，可能会比较茫然。以院系为单位组织学生开展普法宣传实践活动，收集整理中职生求职就业过程中权益保护的相关法律知识，并向周围同学普及宣传。

一、活动名称

我是普法宣传员。

二、活动主旨与意义

通过普法宣传活动，使中职生了解并熟知就业的相关政策法规，增强中职生在就业中的自我保护和维权意识，从而在就业过程中免受不合理的侵犯，成功就业，帮助中职生更好地走向社会。

三、活动内容

（1）查阅相关的法律书籍和在网络上搜索，收集整理就业中自我保护和进行维权的相关法律知识。例如，实习期间的自我保护和维权，求职就业期间的自我保护和维权等。

（2）对收集的内容进行审核，确保内容的准确性和有效性。完成内容的整理后，可向相关专业老师进行审核确认。

四、活动总结

结合自己收集整理的过程和同学们的信息反馈，根据表 7－1 中的思考内容，给出自己的建议或观点。

表 7－1　活动总结

思考内容	建议或观点
如何保护实习期间的权益？	
求职就业中如何进行自我保护？	
就业中被侵权该如何维权？	
如何增强保护就业权益的法律意识？	

参考文献

［1］教育部职业教育发展中心．劳动教育（中职版）［M］．北京：高等教育出版社，2025.

［2］王鹏飞，黄顺辉，阳检．中职生劳动教育教程［M］．北京．中国传媒大学出版社，2024.

［3］徐国庆．劳动教育［M］．3版．北京：高等教育出版社，2024.

［4］高瑜．中职生劳动教育［M］．北京：北京理工大学出版社，2023.

［5］田保家．中职生劳动教育［M］．徐州：中国矿业大学出版社，2022.

［6］陈宇，高庆芳．劳动教育［M］．北京：人民邮电出版社，2022.

［7］蒋开全，杨光强，陶文芳．劳动教育［M］．北京：中国人民大学出版社，2022.

［8］朱国苗，窦祥国，潘新．劳动教育（职教版）［M］．合肥：安徽大学出版社，2022.

［9］段福生．劳动教育［M］．北京：中国人民大学出版社，2022.

［10］教育部职业技术教育中心研究所．劳动教育读本（中职版）［M］．北京：高等教育出版社，2021.

［11］汪永智，郭宏才，荣爱珍．劳动教育［M］．北京：北京理工大学出版社，2021.

［12］刘国胜，柳波，袁炯．大学生劳动教育．北京：人民邮电出版社，2021.

［13］潘维琴，王忠诚．劳动教育与实践［M］．北京：机械工业出版社，2021.

［14］宿晖，张冬梅，梁亮．劳动实践教育（职教版）［M］．北京：中国商业出版社，2021.

［15］庄铭星．中职劳动教育教程［M］．福州：福建科学技术出版社，2021.

［16］洪应党，朱浩，向米玲．新时代劳动教育教程［M］．北京：航空工业出版社，2020.

［17］曾天山，顾建军．劳动教育论［M］．北京：教育科学出版社，2020.

［18］安鸿章．劳动通识：中等职业学校劳动教育读本［M］．北京：北京理工大学出版社，2020.